如果這是一個人

Se questo è un uomo
Primo Levi

普利摩・李維

作者

普利摩・李維 Primo Levi(1919-1987)

普利摩・李維一九一九年生於義大利杜林的一個傳統猶太家庭，父親長期於匈牙利工作，母親喜愛閱讀、精通法語及鋼琴，下有一位相差兩歲的胞妹。

孩童時期瘦小且個性害羞，受到同儕霸凌，有一段期間在家接受教育。十四歲透過考試錄取中學，師承著名詩人切薩雷・帕韋斯學習經典文學。後來讀了諾貝爾物理學獎得主威廉・亨利・布拉格爵士的著作，轉而研讀化學。

一九三七年，李維收到國防部的傳喚，指控他忽視義大利皇家海軍的兵單，於是父親安排其加入法西斯民兵，以免加入皇家海軍參與西班牙內戰。就讀杜林大學化學系一年級時，他仍是法西斯民兵的一員，直到一九三八年被依義大利政府頒布的反猶太人《種族宣言》剔除役籍。大學畢業後，李維的文憑上印著「猶太裔」，使他就業困難，只能使用假名及假證件求職。

一九四三年七月，李維回到杜林與母親與妹妹相聚，當時義大利反抗運動隨德軍逼近日漸升溫，李維舉家逃往義大利北部，同年十二月普利摩與同伴意外遭法西斯民兵逮捕。為避免被以反法西斯身分槍決，李維選擇承認自己的猶太裔身分，雖然逃過一劫，但隨即被送往位於佛索利的中轉營。德軍佔領中轉營後，一九四四年二月，李維被送往屬於奧斯維辛集中營之一的布納—莫諾維茨集中營，刺上編號 174517，遭囚禁十個月，直至一九四五年一月蘇聯軍隊解放集中營。當初一同被送往集中營的猶太裔義大利人有六百五十名，最終納粹戰敗後存活的僅有二十餘名，普利摩・李維是其中之一。

漫長的返鄉鐵道路途經過波蘭、白俄羅斯、烏克蘭、羅馬尼亞、匈牙利、奧地利及德國，李維終於在一九四五年十月回到故鄉杜林。往後幾個月，李維休養、與親友恢復連絡及開始找工作。一九四六年始於杜邦塗料工廠就業，並著手寫下集中營回憶錄《如果這是一個人》。一九四七年十月《如果這是一個人》出版，隔年十月女兒麗莎出世。

一九五八年，《如果這是一個人》收錄義大利作家卡爾維諾的推薦序後再版，同時普利摩・李維開始創作第二本書《停戰》（*La Tregua*），於一九六三年出版，記錄他離開奧斯維辛集中營後的返鄉過程，於一九九七年改編為電影《劫後餘生》上映。一九六一年，他成為一家油漆工廠的總經理直到退休，這段期間他仍持續創作並出版多部著作。

一九六六年出版短篇故事集《第六日》（*Storie naturali*）；一九七五年出版《週期表》（*Il sistema periodico*），以化學元素為章節名，內容分別對應李維的人生經歷，被英國皇家學會評選為有史以來最好的科學書；一九七八年出版《扳手》（*La Chiave a Stella*）；一九八一年出版個人文集《尋找根源》（*La ricerca delle radici*），收錄普利摩・李維創作的詩歌及散文；一九八二年出版《若非此時，何時？》（*Se non ora, quando?*）；一九八五年出版《他人的行當》（*L'altrui mestiere*）；一九八六年出版最後一本作品《滅頂與生還》（*I sommersi e i salvati*）。

一九八七年，普利摩・李維從住家樓梯天井墜樓死亡，享壽六十八歲。

譯者

吳若楠

台大外文系畢業後，先後於義大利波隆那大學（Università degli studi di Bologna）和羅馬智慧大學（Università Roma la Sapienza）的戲劇系攻讀如何將劇本和演員訓練有效應用於外語學習，並取得碩士學位。回台後曾任教於輔大義大利語系，並擔任自由譯者，譯有《死了兩次的男人》、《他人房子裡的燈》、《逃稅者的金庫》等書。

推薦序：一本關於死亡營的書

伊塔羅・卡爾維諾

普利摩・李維描述道，有一個於午夜時分再三折騰集中營囚犯的夢——他們夢到自己回家了，試圖將自己所經歷的痛苦告訴親朋好友，卻在一陣荒涼的悲痛中意識到，根本沒有人在聽，沒有人可以理解這一切。我相信，所有試著將自己恐怖經歷付諸文字、寫成回憶錄的倖存者，心中想必也都曾被那股荒涼的悲痛措手不及地佔據。他們倖存了下來，這是種僭越人性底線、任何文字都無法還原的經歷，他們永遠無法將那恐怖經歷如實地傳達給任何人，而那份記憶將繼續迫害他們，無法被理解的煎熬使那股悲痛無限蔓延。

相較於實際發生過的一切，集中營一類的史實，似乎讓任何一本書都顯得蒼白無力。儘管如此，關於這個主題，普利摩・李維給了我們一本巨著：一九四八年德希爾瓦初版的《如果這是一個人》，這本書不僅是一份強而有力的見證，其字裡行間更展現了真切的敘事力量，這將在人們心中留下不可抹滅的記憶，成為有關二戰的文學著作中，最美麗的文學作品。

普利摩・李維於一九四四年初，隨著佛索利集中營的義大利猶太人分隊一起被運送到奧斯維辛集中營。這本書正是從佛索利中轉營出發開始（見第一章老加騰紐的故事），在這幕，我們馬上感受到一個世紀以來四處漂泊的民族那聽天由命的沉重，而這樣的沉重貫穿全書。他們啟程、抵達奧斯維辛，接著又是令人感到椎心刺骨的一幕：男人們和他們的女人、小孩被拆散，從此再無音訊。接著便是集中營的生活。李維不止於讓事實說話，亦評論事實，但從未提高音調，也不曾刻意採取冷靜的語調。他只是精準而平靜地研究：一個泯滅人性的實驗裡，置身其中的人，究竟能保有幾分人性。

Null-Achtzen，018，這位與李維一起勞動的伙伴，彷彿行屍走肉般不再有任何反應，絲毫不予抵抗地邁向死亡。集中營裡多數人向此類人看齊：這類人進入了一個泯滅精神、物質，最終必然以毒氣室收場的緩慢過程。真正的標竿者是特權人士（Prominenten）：「懂得門道」的人，這種人找到給自己天天加飯的方法，不多也不少，就剛好弄到確保自己不被淘汰的分量，他成功取得了一個位置，一個能夠支配他人，並利用他人苦難而生的位置，這種人，將所有精力都用在一個基本而至高無上的目的上：存活。

李維為我們呈現的人物具有完整靈魂，是真實且具體的人：工程師阿爾弗雷德L.，他在受苦的集中營囚犯中，繼續維持原本社交生活中所擁有的主導地位；讓人覺得荒謬的埃利亞斯，彷彿在集中營這塊泥濘土地中出生，根本無法想像他身為自由人的模樣；以及令人不寒而慄的潘維茨博士，是日耳曼科學狂熱主義的化身。李維描繪的某些場景為我們還原了具體的氛圍與世界：每天早晨伴隨著被強迫勞動的囚犯上工的伴奏，鬼魅般地象徵一種幾何式的瘋狂；狹窄臥鋪裡無數個折騰的夜晚，同床伙伴的腳緊挨著你的臉；篩選要移送誰到毒氣室的恐怖場景；以及絞刑臺那一幕，當置身於屈服與虛無的地獄裡，仍然找到勇氣密謀起義的人，他從刑架上發出了呼吼——Kamaraden, ich bin der Letzte!

「同志們，我是最後一個了！」

一九四八年五月六日，刊載於團結報

011 如果這是一個人

目次

如果這是一個人

你們安全無虞地活著
在你們那溫暖的家裡，
晚上回家時
有溫熱的食物和友善的面孔相迎：
試想這算不算是個男人
在泥濘中勞動
不知平靜為何物
為半塊麵包爭鬥
在一聲是或一聲否後斃命
試想這算不算是個女人
沒有頭髮，沒有名字
不再有回憶過往的氣力
眼神空洞，肚腹冰涼
猶如寒冬中的一隻青蛙
將所發生的這一切存在心內，留在意中：
我將這誡命吩咐予你們。

將它們銘記在心
無論坐在家裡，行在路上，
躺下，起來。
都要向你們的兒女重複這些誡命。
若不聽從就要你們家園毀滅，
疾擾纏身，
為兒女所不齒。

前言

我很幸運，直到一九四四年才被送到奧斯維辛集中營，那時基於勞動力日益短缺，德國政府已決定延長待宰囚犯的平均壽命，囚犯的生活條件獲得顯著的改善，並暫時中止肆意殺害囚犯。

因此，關於納粹種種令人髮指的暴行，這本書並不會提供更多相關細節，如今有關集中營這個主題的種種已為普世讀者所知。這本書的宗旨不在於揭發某些尚不為世人所知的罪行，而在於提供更多資料，讓我們能冷靜地研究人性的某些面向。個人也好，整個民族也好，許多人往往認定或不知不覺地抱持著以下信念，認為「非我族類就是敵人」。在大多數的案例裡，這種信念像一種潛伏的感染般沉睡於人性深處，只會偶爾猛然發作，而非根植於一種有意識的思想體系。但一旦發生此種情形，當潛在的教條成為一個大前提，並以三段論演繹，位於思路盡頭的，便是集中營。集中營是人類一絲不苟地將某種世界觀發揮得淋漓盡致的後果：只要這個世界觀繼續存在，其後果便會對我們構成威脅。我們必須將集中營的歷史理解為一種警示危險的不祥預兆。

我意識到這本書有種結構上的缺陷，也希望各位能夠諒解這一點。具體上雖然並非如此，但作為一種意圖與構思，早在我被囚禁在集中營的那些日子裡這本書便已誕生。在獲救之前和之後，一種向「他人」傾訴自身的經歷，讓「他人」也能感同身受的需求便佔據了我們，那是股緊迫而強烈的衝動，與人類其他的基本需求不相上下：這本書的書寫便是為了滿足此種需求；主要是為了一種內在的救贖。因此本書顯得有點零碎。章節的排序不按照邏輯，而是對應著內心的緊迫性。連貫和整合的工作是事後按照計畫完成的。

我想我毋須多此一舉地強調，書中所描述的一切並非出於杜撰或虛構。

普利摩・李維

一九四三年十二月十三日我被法西斯民兵逮捕。那時我二十四歲，性情魯莽，沒有人生經驗，法西斯政府施行種族隔離政策，四年以來在種族法的荼毒之下，我已習慣活在我那不切實際的個人世界裡，腦袋裡充滿著自以為是的願景與抱負，有著一些稱兄道弟的同性朋友，但幾乎沒有任何異性朋友。我的內在有一種溫和而抽象的叛逆。

對我而言，躲到山裡、貢獻一己之力去幫助那些稍微比我有經驗的朋友，建立一個在「正義與自由」之下的附屬革命團體是項艱難的抉擇。我們缺乏人脈、武器、金錢以及將這一切弄到手的實際經驗；我們缺乏能幹的人手，另一方面，團體裡充斥著等閒之輩，這些人當中有的意圖良善，有的心懷不軌，他們從平地來到此處，有人在尋找一個不存在的部隊組織或武器，也有人僅僅是在尋求保護、一個藏身之處、一個可以取暖的地方，或一雙鞋。

當時，還沒有人教過我一項後來我在集中營裡迅速學會的教條，即人的首要天職，是採取適當的手段實現自己的目標，犯錯者必須付出代價；因此，我不得不將那之後所發生的一切視為天經地義。某個深夜，法西斯民兵出動了三個百人隊，試圖向駐紮在鄰近山谷中，比我們強大和危險得多的另一支革命軍發動突襲，但在幽微的曙光中，他們衝進了我們的藏身之處，我被以可疑分子的身分押送至山谷。

在隨後的審訊中，我選擇坦承自己身為「猶太裔的義大利公民」的處境，因為我認為除此之外，我無法以其他方式解釋，為什麼我會生活在一個連「難民」都視為過度偏僻的地方，當時我心裡的盤算是，假使我坦承自己所從事的政治活動，我將遭受極刑且必死無疑（而後來所發生的一切證明當時的我失算了）。作為一個猶太人，我被送到位於摩德納附近的佛索利，那裡有一座大型的中轉營，原本用來囚禁英國和美國的戰俘，後來也漸漸被拿來收容那些不受甫成立不久的法西斯共和政府所歡迎的各類人物。

一九四四年一月底我剛抵達那裡時，營地裡約有一百五十名猶太裔義大利人，但在短短幾週之內，人數便超過了六百。這些人多半是因為自己不謹慎，或被人告發而舉家遭到法西斯黨或納粹黨逮捕。其他少數人之所以來到此處，有的是因為不堪承受流離失所的辛苦，有的是因為生活無以為繼，也有人是因為想要跟已經被捕的同伴生死與共，甚至有些人是因為「遵守法律」而自首。此外還有上百個被拘留的南斯拉夫軍人，以及其他一些因政治因素而被視為可疑分子的外國人。

照理說，眼見SS❶的一個小隊親自抵達，就連樂觀分子也應心生懷疑；然而大家仍成功地為這個前所未聞的現象找到了合理的解釋，而不是從中推敲出最顯而易見的後果，從而儘管發生了上述的一切，在SS宣布驅逐令的時候，眾人間仍一陣驚惶不知所以。

二月二十日，德軍仔細地巡視了集中營，最後針對差強人意的廚房服務，以及作為供熱燃料的柴火供給不足等項目，公開地向義大利專員提出了嚴正的抗議；他們甚至宣布不久之後會成立一間Ka-Be❷。然而，二十一日上午我們得知，隔天營地裡的猶太人將啟程離開。所有人皆然：無一例外。即使是孩子、老人、病人也不例外。至於要去哪裡，沒人知道。為十五日的旅途做準備。每發生一起點名未到，就有十個人要被槍斃。

只有少數過度天真和自欺欺人的人仍執意懷抱希望：我們曾與波蘭籍和克羅埃西亞籍的難民長談，我們知道啟程代表著什麼。

傳統上，人們會為被判處死刑的人舉行一個莊嚴的儀式，意在宣告任何激昂與憤恨就此熄滅，而作為一個正義之舉，這不過是面對社會的一項沉痛義務，如此一來就連劊子手本身都可以對被害者心懷憐憫。因此，人們不對受刑人提供任何外在的關懷，受刑人被允許獨處，此外若他有意願，人們會提供他各種精神上的慰藉，總之設法讓他感覺到圍繞在自己身邊的並非仇恨或迫害，而是必然性與正義，以及伴隨著刑罰而來的寬恕。

但我們並未獲得此種待遇，因為我們人數太多，而時間有限，況且，到頭來，我們究竟應該為了什麼事懺悔、我們又做了什麼應受寬恕的事？因此，義大利專員下令在進行決定性的公布之前，所有的服務必須持續運作；如此一來，廚房繼續供餐，清潔人員一如既往地執行勤務，就連營地裡那座小型學校的教師和教授們都繼續教授晚間的課程，就像平常的每一天一樣。然而，那天晚上，孩子們未被派發任何作業。

然後，夜晚來臨了，大家都知道，那是人類的雙眼不應看見的夜晚，一個逃不過的死劫。所有人都被告知了。沒人，無論是義大利籍或德國籍的警衛，沒人有勇氣前來見證與死亡四目相對的人究竟在做些什麼。

每個人各自以最適合自己的方式向生命告別。有些人祈禱了起來，其他人毫無節制地狂飲，還有一些人放縱在最後一回的激情裡。但人母們徹夜不眠，她們認真地準備旅途所需的食物，幫孩子們洗澡，收拾好行囊，黎明時，鐵絲網上掛滿了孩童的衣物，晾在那兒風乾；母親們也沒有忘記背巾、玩具和枕頭，那些孩子們總是用得上的林林總總

❶ 德語，意為「親衛隊」，Schutz Staffel 的縮寫。成立於一九二五年的納粹組織，成員經過篩選，皆為激進納粹信徒及純種雅利安人。

❷ 德語，意為「醫務室」，Krankenbau 的縮寫。

的小東西，她們如數家珍。換作是你，你也會這麼做吧？假使明天他們就要對你和你的孩子狠下殺手，你總不會今天就不餵孩子吃東西了吧？

六A棚屋住著老加騰紐、他的妻子和他眾多的兒女、孫子，以及他那些手腳勤快的女婿和兒媳們。他們全家都是木匠，來自於的黎波里，在為數眾多且漫長的旅途之中，他們始終攜帶著做工的家當、平底鍋及手風琴和小提琴，以便在一整天的勞動之後用來彈奏和伴舞，因為他們是歡樂而虔誠的一群人。他們的女人是首先抓緊時間著手為接下來的旅程預做準備的人，她們沉默而俐落，以爭取更多時間用來哀悼；當一切準備就緒，麵餅烤好了，行囊也紮緊了，接著她們會脫下鞋子，鬆開頭髮，將葬禮用的蠟燭排在地上，並根據祖先流傳下來的習俗點亮燭火，接著她們席地而坐，圍成一個圓圈進行哀悼，徹夜祈禱與哭泣。我們成群地佇足於他們門外，這時，這群沒有故土的人的古老傷痛也降臨到我們的靈魂當中，被迫出走者那一世復一世、不帶任何希望的傷痛，對於我們而言是種前所未有的感受。

黎明的到來彷彿是一記背叛；再次升起的太陽彷彿與那些決意殲滅我們的傢伙狼狽為奸。各種感覺在我們的內心裡激盪，在一個無眠的夜晚之後，全心的接納、無從宣洩的反抗、宗教性的臣服、恐懼、絕望匯流成一種不受控制的集體瘋狂。沉思與判斷的時間已經結束，大腦的每個動靜都消融在脫序的騷動中，其中，有關於家園的美好回憶猛地在我們腦海裡升起，如今它們依然如此鮮明，彷彿伸手可及，卻利劍般地帶給我們疼痛。

當時，我們對彼此說了並做了許多事；但有關這一切最好不要留下任何的回憶。

德國人以一種一絲不苟的方式點了名，之後我們被迫適應這種詭異的精確。最後，Wieviel Stück❸，元帥如此問道；下士立馬敬禮回覆：共六百五十「件」，一切正常；接著便將我們裝載到敞篷巴士裡，運送至卡爾皮火車站。在這裡，我們等待火車和旅途的配給。在這裡，我們第一次遭到毆打：整件事是那麼的陌生和不合邏輯，我們甚至沒有為此感到痛苦，不論是身體還是靈魂。只有一股深沉的震驚：人如何能夠如此不帶憤怒地毆打另一個人？

火車車廂總共是十二個，而我們總共是六百五十人；我所在的車廂裡只有四十五個人，但那是個狹小的車廂。於是，就這樣，在我們的眼前，在我們的腳下，這就是著名的德軍軍運列車，那種沒有返程的列車，也就是我們以往心驚膽跳並帶著幾分不可置信

❸德語，意為「有多少件」。

的心情，經常聽人描述過的那種列車。正是如此，一切按部就班：貨車車廂，從外面鎖上，毫無憐憫地將男人、女人、小孩等貨物塞在車廂裡，一趟通往虛無的旅程，列車向下行駛，駛向世界的底部。這一次，車裡裝的是我們。

每個人在他的人生中，或早或晚都會有此發現，即極致的幸福是無法達成的，但很少有人思考過相反的論點：即極致的苦難也是無法達成的。與這兩種極致的狀態相抗衡而使其無法實現的處境，便是人的處境，一種與任何的無限為敵的處境。與其相抗衡的是人對於未來那不完整的認識；而在某些情況下，這被稱作希望，除此之外，則被稱作關於未來的不確定性。與其相對的，是終有一死的確定性，死亡是任何歡樂的終點，也是任何痛苦的終點。與其相抗衡的，是無可避免的物質解救，物質上的解救一方面污染了任何長久的幸福，另一方面也不遺餘力地讓我們不去注意發生在我們身上的那份不幸，支解我們對於那份不幸的感受，讓我們能夠承受它。

旅途中及旅途後，讓我們得以持續漂浮在無底的絕望與空無之上的，正是困厄、毆打、寒冷與飢渴，而非求生意志或一心一意的聽天由命，而世上又有幾人能有此境界，而我們，我們充其量只是一種平凡無奇的人類標本。

車門很快被關上，但列車一直到晚上才啟程。聽到目的地的名稱時，大家都鬆了一口氣。奧斯維辛：對於當時的我們而言，這是個沒有意義的名稱；但它總該對應著這塊土地上的某個地方。

火車行駛得非常緩慢，漫長的停留令人感到煩躁不安。通過小窗，我們看見阿迪傑山谷那蒼白高聳的懸崖，看見了最後幾個義大利城市的名稱。第二天中午我們路過了布倫內羅，所有人都站了起來，但都沒人吭聲。我在心中勾勒著返程的情景，殘忍地想像著那次的過境會有何種不人道的喜悅，車門敞開著，我們看見了頭幾個義大利的地名，但沒有人想要逃跑……我環顧四周，心想在這堆可憐的人類灰塵當中有多少人會被命運擊倒。

我所在的車廂的四十五人當中只有四個有幸再次見到家園；這個車廂遠比其他車廂來得幸運。

我們飢寒交迫：每次停車，我們都大聲地要水，不然一捧冰雪也好，但我們的請求很少被聽見；押送我們的士兵會趕走那些試圖接近我們的人。兩位還在哺乳的年輕母親日以繼夜地懇求他們供水。飢餓、疲勞與失眠比較不那麼折騰人，緊繃的神經讓這一切變得不那麼難熬：但夜晚是無止盡的噩夢。

很少人能帶著尊嚴赴死，而辦得到這一點的往往是令你意想不到的人。很少人懂得沉默和尊重其他人的沉默。我們不安穩的睡眠常中斷，因吵雜而無意義的爭執、咒罵或用來回應某些煩人而不可避免的身體接觸的反射性拳打腳踢。這時便會有人點燃黯淡的燭火，照亮俯臥在地的一團陰暗蠕動，那是一種由人類所構成的物質，難以辨識的、流動的、要死不活而痛苦的，三不五時會抽搐一下，接著又立刻被疲勞所湮滅。

通過小窗，我們看見我們所認識和不認識的奧地利城市的名稱，薩爾茲堡、維也納，接著是捷克的城市，最後是波蘭的城市。在第四天的晚上，天氣轉寒：火車穿過無止無盡的黑色松樹林，我們感覺得到車正在爬坡。積雪很深。這想必是一條支線，車站都很小，而且幾乎空無一人。列車停留的時候不再有人嘗試與外界溝通：如今，我們感覺自己已身在「他方」。有一次，列車在一個廣闊的田野裡停留了很長的一段時間，接著繼續以極其緩慢的速度前進，深夜裡來到一個黑暗無聲的平原後便不再前進。

放眼望去，軌道的兩側是紅白交錯的燈火，一望無際；但感覺不到任何有人類聚落的人聲雜處。在最後的一根蠟燭那吃力的火光之下，不再聽得見任何屬於人的聲音，我們等待著事情的發生。

在整個旅程中，我身旁有一名女子，和我一樣緊緊地被嵌在身體和身體之間。我們彼此已經認識很多年，這個不幸的遭遇同時攫獲了我們，但是我們對彼此所知甚少。那時，在做出決定的時刻，我們彼此說了一些活人之間不會說的事。我們問候了彼此，短暫的問候；我們各自向對方的生命致意。我們不再感到恐懼。

鬆綁的一刻突然來到。車門嘩啦地被打開，黑暗中迴盪著以陌生的語言所發出的號令，德國人發出號令時，那野蠻的咆叫彷彿宣洩著積壓了好幾個世紀的憤怒。我們的眼前出現一條被探照燈照亮的寬闊月台。更遠的地方有一排卡車。接著一切又恢復安靜。有人翻譯道：必須帶著行李下車，並將它們沿著火車放好。頃刻間，一團陰影淹沒了月台，但我們不敢打破那片寂靜，所有人都忙著搬行李，人們尋找著彼此，膽怯地壓低聲音叫喚彼此。

十多個SS站在一旁，帶著漠然的神情，雙腿叉開著站。接著，他們在我們之間移動，並以一種輕柔的聲音，岩石般的表情，迅速地以七零八落的義大利語，一個接著一個，向我們問了起來：「幾歲？健康或生病？」並根據不同的回覆分別指示我們走往兩個不同的方向。

水族箱一般，夢境一般，一切寂靜無聲。我們原以為會有什麼驚心動魄的事發生：但這些人似乎只是普通的警員。這點令人感到疑惑，卻又令人卸下心防。有人鼓起勇氣詢問有關行李的事，他們回答說：「行李待會兒」；對那些不想與妻子分開的人，他們說：「後來又會一起」；許多母親不願被跟孩子拆散，他們說：「好，好，孩子一起。」自始至終，他們都帶著一種例行公事的平靜；但倫佐向他的女朋友弗蘭西斯卡告別時拖延了太久，他們就隨手朝他的面孔射了一槍，倫佐倒到了地上：那是他們日復一日的例行公事。

十分鐘以內，所有還能勞動的男子便被集合成一組。至於其他人——女人、孩子、老人——有關那時或那之後發生在他們身上的事，就不得而知了：事情純粹而簡單，夜晚吞噬了他們。如今大家都知道，在那次迅速而簡略的篩選中，我們每個人都依照是否為能為「大德意志國」效力而被判別為有用者或無用者；我們知道，與我們搭乘同一班列車的人當中，只有九十六個男人和二十九個女人分別被分配到布納—莫諾維茨集中營和比克瑙集中營，而兩天後，其他總數加起來超過五百的人無一倖存。我們還知道，這個用來判定一個人是否還能幹活的薄弱原則並不總是被遵守，那之後，他們往往採取另一種較為簡單的方法，即敞開車廂兩側的門，不再向剛剛抵達的人發出任何的警告或指示。他們隨機決定，從列車某一側的門下車的人進集中營，從另一側下車的，進毒氣室。

艾蜜莉亞就是這樣喪命的，當時她才三歲；因為對於德國人而言，處死猶太人的小孩是一種再明顯不過的歷史必然。艾蜜莉亞是來自米蘭的阿爾多·李維工程師的女兒，她是個充滿好奇心、企圖心、開朗且聰慧的小女孩；旅途中，在擁擠不堪的車廂裡，她的父母會在一只鋅製的小盆裡用溫水幫她洗澡，那是一位不肖的德國技師允許他們從火車的引擎拆下的——那列載著所有人駛向死亡的火車。

就這樣，一瞬間，令人猝不及防地，我們的婦女、我們的父母、我們的孩子就這樣消失了。幾乎沒有人有機會向他們告別。我們隱約瞥見他們的身影隱沒在月台另一端黑壓壓的人影間，接著就什麼都看不到了。

探照燈的光束下浮現了兩組怪異的人馬。他們三人一組、整齊劃一地行走著，笨拙生硬的步伐看起來很詭異，他們垂著頭，手臂僵直。他們頭上戴著一只滑稽可笑的小帽，身上穿著長條紋外套，即使在暗夜裡，而且距離很遠，也看得出骯髒破爛。他們包圍著我們站成一大圈，與我們保持距離，他們不發一語，著手搬運我們的行李，並在空蕩的車廂間進進出出。

我們面面相覷，說不出話來。這一切顯得瘋狂而難以理解，但有件事我們理解了。這就是在前頭等著我們的轉化，明天我們也將變得如此。

不知怎的，我發現自己被裝載到一輛卡車上，同行的約莫還有三十人。夜裡，卡車全速上路，我們的頭頂上被什麼蓋住了，看不見外面，但可以從一路的顛簸得知這是條蜿蜒崎嶇的道路。他們該不會沒派士兵看守我們？向下一躍？太遲，已經太遲了，我們所有人都已被拋到「底下」了。此外我們便很快地發現我們並非沒人看守：有一個很怪異的守衛。那是一個德國士兵，身上配備有各式武器。一片漆黑裡我們看不見他，但每當顛簸的車輛劇烈搖晃，我們成堆地東倒西歪時，都會感覺身體與硬物接觸。那個人會

❹譯者注：卡戎是希臘神話中冥王黑帝斯的船夫，負責擺渡必須接受審判的靈魂，帶他們渡過冥河。

HALT
BEIT MA

在底下

車程只有二十分鐘左右。隨後卡車停了下來，眼前是一扇巨大的門，門的上方，刺眼的燈光照亮了一行文字（如今有關這行文字的記憶仍在午夜夢迴時突襲我）：ARBEIT MACHT FREI，勞動帶來自由。

我們下了車，他們指揮我們進到一個空蕩蕩的大房間裡，房裡有微乎其微的暖氣。我們渴得不得了！散熱器裡的流水發出微弱的沙沙聲，啟動了我們的野獸般的本能：我們已經四天沒喝水了。而那裡有個水龍頭，水龍頭上面有一則告示：水源污染，禁止飲用。笑話！在我看來，那顯然是一種戲弄，「他們」當然知道我們快渴死了，於是他們把我們關進一個房間，房間裡有個水龍頭，然後昭告我們 Wassertrinken verboten ❶。我開始喝水，並唆使同伴們跟進；但我不得不把水吐掉，那水溫溫甜甜的，有股沼澤的氣味。

這就是地獄。今日，在我們這個年代裡，地獄想必是這個樣子的——一個空蕩蕩的大房間，我們累得幾乎無法立足，房間裡有個水龍頭，水龍頭的水不能喝，而想當然耳，眼前等著我們的是非常可怕的事，但什麼都沒有發生，並且持續沒有任何事發生。我們該怎麼想？我們無法多想，我們彷彿已經死去。有人在地板上坐了下來，時間一滴一滴地流逝。

我們沒死；大門敞開著，一個SS走了進來，抽著菸。他好整以暇地望著我們，問道：「誰會說德語？」我們當中有個我從沒見過的人向前走了一步，他叫弗萊什；他成了我們的翻譯員。SS輕聲細語地講了很長一段話，再由翻譯員向我們轉達。我們必須五人一組排成一列，一個人和另一個人之間保持兩米的間隔。此外，我們必須把衣服脫下來，並根據指定的方式將衣物捆成一團，毛料的衣物放在一堆，其他則放在另一堆。我們必須脫下鞋子，但要小心保存以防被偷。

被誰偷？為什麼要偷走我們的鞋子？那我們的證件、口袋裡僅存的細軟和手錶呢？所有人都望向翻譯員，翻譯員詢問德國人，德國人抽著菸，他的眼神從翻譯員的前胸貫穿至後背，彷彿那軀體是透明的，彷彿剛才根本沒人開口說話。

❶ 德語，意為「禁止飲水」。

那之前我未曾見過老人的裸體。柏格曼先生配戴著治療骨刺的護腰，他詢問翻譯員是否得將護腰取下，翻譯員遲疑了片刻；我們看見他吞嚥了幾口口水，接著啟齒說道：「元帥命令你把護腰取下，我們會把柯恩先生的那個拿給您用。」任誰都能看出，那些話從弗萊什的嘴裡爬出的樣子有多麼蹣跚，那便是德式的嘲弄。

接著來了另一個德國人，他指示我們將鞋子放在一個角落，我們將鞋子放到了那個角落，因為事到如今大勢已去，我們感覺自己已被拋到世界之外，我們唯一能做的便是服從。來了個帶著掃把的人，他將所有鞋掃開，鞋被掃到門外集中成一堆。他瘋了，他竟然把所有的鞋都打散了，九十六雙鞋，鞋子就此不再成雙。門向外敞開，一陣冷風吹了進來，全身赤裸的我們用雙手摀著肚腹。風吹動了門板，門關了回去；德國人再度把門打開，他注視著我們，看我們如何蜷起身體躲在彼此的背後禦寒；後來他離開的時候才又把門關上。

現在要演第二場了。四個人帶著剃刀、毛刷、刮鬍刀破門而入，他們身著條紋長褲和外套，胸口處繡有名字；他們跟今晚的其他那些人應該是同類吧——究竟是今晚還是昨晚？但這些人看起來強壯硬朗。我們問了很多問題，但他們只是一把抓住我們，傾刻間，所有人的頭髮和鬍鬚都被剃個精光。沒了頭髮，人的臉看起來真可笑！那四個人說著一種彷彿不屬於這個世界的語言，那肯定不是德語，一點德語我是聽得懂的。

最後，有人打開了另一扇門：我們都被關在這兒，全身赤裸、毛髮被剃得精光，腳浸在水裡，這裡是個浴室。這裡就只有我們，驚恐漸漸解凍，我們開始談話，所有人都在問問題，沒有人在回答。既然我們都赤裸裸地待在一個浴室裡頭了，想必這意味著待會兒要沖澡。要我們沖澡，是因為他們還沒有要將我們殺害。那麼，他們為什麼命令我們站著，而不給我們水喝，也沒派個人來向我們說明，而且我們既沒有衣服，也沒有鞋子，大家都渾身赤裸，雙腳浸在水中，天氣很冷，我們已經搭了五天的車，而我們甚至無法坐下。

而同團的婦女們呢？

此時此刻她們的處境是否與我們相同？她們在哪兒？我們是否有機會再次與她們相見？李維工程師詢問我有何想法。考慮到他已婚且有個女兒，我回答他說：會的，我們當然會再次與她們相見。但此刻，我心裡的想法是，他們一手設計了這一切，用來取笑並羞辱我們，接著他們會將我們殺害，這一切再明顯不過，只有瘋子才會相信自己能夠倖存，那樣一來就等於是著了他們的道，我才沒中計，我知道，這一切很快會結束，也許就在這個房間裡，等到他們看膩了我們窘迫不堪的模樣，看膩了一絲不掛、不斷換腳站、三不五時想坐到地上卻礙於地上有三指深的冷水而無法坐下的我們。

我們上上下下不知在幹嘛，我們說著話，每個人都在跟其他人說話，一片喧嚷。

大門打開了，一個德國人走了進來，是剛才的那個中士；他簡短地說了些什麼，翻譯員進行翻譯：「中士說大家必須保持安靜，因為這裡不是個猶太教學校。」看得出這些話不屬於翻譯員，這些汙言穢語扭曲了他的嘴，彷彿猛然作嘔般一吐而出。我們求翻譯員問他我們即將面臨些什麼，將在此處停留多久，問他有關我們的婦女的事，什麼都問。但他說，不，他不想問。這位弗萊什，對他而言，要將冷若冰霜的德語句子翻譯成義大利語是件艱鉅而沉重的苦差事，他拒絕把我們的問題翻成德語，因為他知道，那根本沒用，他是個年約五十的猶太裔德國人，他曾在皮亞韋河攻打義大利人，臉上還留著一個大傷疤。他是一個封閉寡言的人，我對他懷有一種不由自主的敬重，因為我感覺他比我們都還要早就開始受煎熬。

德國人離開了以後，我們都沉默不語，儘管保持沉默令我們感到有點尷尬。仍是黑夜，我們尋思白晝是否還會來臨。門再次打開，一個身穿條紋裝的人走了進來。他跟其他人不太一樣，他比較年長，有一張比較文雅的面孔，不像其他人那麼壯碩。他向我們說話，說的是義大利語。

事到如今，我們已經累得無力吃驚。我們彷彿觀賞著一齣光怪陸離的戲碼，女巫、聖靈和魔鬼都一一登場的那種。他的義大利語講得很吃力，帶著很重的外國口音。他講了很久的話，非常有禮，並且試圖針對我們的所有問題一一作答。

我們現在位於莫諾維茨，在奧斯維辛附近，位於上西里西亞省：一個德國人和波蘭人雜居的區域。這裡是一個勞改營，德文裡叫做Arbeitslager；所有的囚犯（人數約為一萬）在一家製造布納橡膠的工廠裡工作，因而得名布納勞改營。

我們將會收到衣服和鞋子，不，不是我們自己的；而是別人的鞋，別人的衣服，就像他身上穿著的。現在，我們全身赤裸，因為等會兒要淋浴和消毒，鬧鈴響起後將立刻進行，沒經過消毒是不能進入營地的。

當然，我們也得工作，這裡的每個人都必須工作。但每個人做不同的工作。比如說，他，他是醫生，他是個曾在義大利留學的匈牙利籍的醫生；他是勞改營裡的牙醫。他在勞改營已有四年之久（但不是這一個：布納工廠在一年半前才成立），然而，我們從他身上可以看出，他好好的，不是很瘦。他為什麼進到了勞改營裡？他和我們一樣是猶太人嗎？「不是，」他輕描淡寫地回答道：「我是個罪犯」。

我們問了他很多問題，他有時會笑，回答了某些問題，而沒有回答其他問題，看得出他刻意迴避某些話題。有關婦女的事，他不太想說；他說她們過得很好，我們很快會再見到她們，但沒說以何種方式或在哪裡。相反地，他告訴我們其他的事，怪異而瘋狂的事，也許他也在愚弄我們。或許他發瘋了：人在集中營裡會變得瘋狂。他說，每個星期天都會有音樂會和足球比賽。他說，拳擊打得好的人能成為廚師。他說，工作上表現良好的人會獲得獎券，獎券可以拿來購買菸草和肥皂。他說，營地裡的水確實不能喝，但每天會分發一杯咖啡一類的飲料，但一般而言沒有人會去喝它，因為營地所提供的湯水便足以解渴。我們請求他讓我們喝點什麼，但是他說他不能，他是違抗SS的禁令暗中前來探視我們的，因為我們仍然有待消毒，而且他必須立即離開；他之所以來到這裡是因為他很喜歡義大利，因為，據他的說法，他還「有點良心」。我們又問了他營地裡是否還有其他的義大利人，他說，是有一些，不多，但他不知道有幾個，並且立刻轉移了話題。此時，鐘聲響起，而他便立刻逃走了，留下驚懼惶恐、不知所措的我們。有人因此又重新燃起了勇氣，我沒有，我仍然認為這個牙醫，這個難以捉摸的傢伙，是惡意地來耍弄我們的，而他說的，我一個字都不相信。

鐘聲一響起，黑漆漆的營地頓時恢復了動靜。突然間，蓮蓬頭冒出陣陣滾燙的熱水雨，五分鐘的至福享受；但隨後，四個傢伙闖了進來（大概是理髮師吧），他們又吼又推地將渾身濕淋淋還冒著蒸氣的我們驅趕到隔壁的房間裡，一個冰寒徹骨的房間；在這裡，又有些同樣大吼大叫的人將破布一類的東西往我們身上扔，並將一雙木底爛鞋強塞到我們手裡，我們還來不及搞清楚狀況，就又被驅趕到戶外。黎明時分，我們站在冰冷的天藍色雪地上，打著赤腳並且全身赤裸，我們必須帶著所有的家當跑到距此一百米左右的另一個棚屋。在這裡，我們被允許穿上衣服。

完成之後，我們各自待在自己的角落，沒有勇氣抬頭望向彼此。沒有可以照見自己的地方，但我們的模樣就在彼此眼前，反映在一百張慘白的面孔上，在一百隻破爛骯髒的人偶上。沒錯，我們已經經歷轉化，成了昨晚匆匆瞥見的那種鬼魅。

然後，我們第一次發現到，我們找不到任何的語言文字來表達自己所承受的屈辱，我們作為人的資格已遭到取消。剎那間，幾乎可說是以一種先知般的直覺，現實在我們的眼前被揭示：我們來到了深淵之底。人無法去到比這裡更底下的地方：比此更加悲慘的人類處境並不存在，也無可想像。我們不再有擁有自己的東西：他們剝奪了我們衣服、鞋子，削光了我們的頭髮；要是我們講話，他們將不會聆聽；縱使聽了，他們也不會明白。他們將一併奪走我們的名字——而如果我們想保有自己的名字，得在內在找到力量，才辦得到這一點，必須設法讓名字背後那代表原本的我們的東西持續存在。

我們知道，要讓人了解我們為什麼這麼做是困難的，但沒關係。在我們每個人的日常生活裡、那些細微瑣碎的習慣裡，在屬於我們的那一百個物品裡，就連最卑微的乞丐也擁有的那些東西裡，試想那當中涵蓋了多麼重要的價值，多麼深刻的意義：一條手帕、一封舊書信、所愛之人的一張相片。這些東西是我們的一部分，幾乎就像是我們的肢體一般；在我們的世界裡，我們無法想像自己沒有它們，一旦它們被奪走，我們會立刻找到其他的東西來取代舊的那些東西，其他能夠守護並喚起我們的回憶的東西。

現在，試想有這麼一個人，他跟他親愛的人一起，被拿走了他的家、他的習慣、他的衣物，被剝奪了一切，他所擁有的一切：他將成為一具空殼，只剩下痛苦與人的基本需求，遺忘了尊嚴與判斷力，因為這往往發生在失去一切的人身上，他們往往會迷失自我；因此，人們可以不帶著任何視他們為同類的感覺，最幸運的狀況就是出於一種純粹的功利考量，輕易地決定他們是生是死。這時人便得以理解「集中營」一詞的雙重含義了，而我們所謂的「匍匐於深淵之底」意味著什麼也就不言而喻了。

Häftling❷：我了解到自己是個 **Häftling**。我的編號是 **174517**；我們受洗了。被紋了身的我們，此後有生之年，左臂上都將攜帶著這個印記。

這項流程有點疼痛，但速度奇快：他們讓大家按照姓名的字母順序列隊，一個接著一個地來到一個熟練的技術人員面前，他配有一種非常短的針刺。看來這是一種如假包換的入門儀式：唯有「出示編號」，我們才能獲得麵包與湯。需要花上幾天，以及不少次掌摑和拳打腳踢，我們才學會乖乖出示那組編號，以免干擾每天例行的糧食發派工作；花了幾個禮拜至幾個月的時間，我們才學會聽懂那種以德語發出的聲音。而有許多天，每當從前自由時的習慣叫我不自覺地望向腕表尋找時間時，我的新名字便會諷刺地出現在我眼前：一列被紋在皮下的灰藍色序號。

唯有好一段時間後，慢慢地，我們當中的某些人才認識到隱藏在奧斯維辛數字背後的死亡科學，內含所有按部就班殲滅歐洲猶太人的階段。在營地裡的老前輩眼裡，這列數字訴說了一切：進入營地的時間、所搭乘的列車，以及國籍。每個人都會懷著恭敬對待30000到80000號：他們的人數只剩幾百人，是來自波蘭猶太人隔離區那為數甚少的倖存者。當你跟一個116000或117000號從事交易買賣時，最好睜大眼睛：他們是塞薩洛尼基的希臘人，人數只剩四十多個，要慎防被他們矇騙。至於數字較大的編號，他們帶有一種可笑的底蘊，就像是一般世界裡所謂的「新人」或「新兵」：典型數字較大的是個頂著大大的肚子、愣頭愣腦、容易擺布的傢伙，你可以騙他說護士會發皮鞋給腳底比較脆弱的人穿，並說服他趕緊跑去領鞋，而你則會幫他「看好」他的湯碗；你能以三頓麵包的代價賣一支湯匙給他；你可以派他到最兇狠的Kapo❸那兒（正如同我所親身經歷！），問他是否負責管理Kartoffelschälkommando——削馬鈴薯皮工作小隊——問他是否可以報名參加。

❷ 德語，意為「囚犯」。
❸ 德語，意為「囚監」。

另一方面，適應這個秩序的過程以一種怪誕而諷刺的方式展開。刺上序號以後，他們把我們帶到一間空的小棚屋，並將我們鎖在裡頭。床鋪已重新鋪好，但他們禁止我們觸碰床鋪或坐在上面，於是我們只好漫無目的地在那個狹小的空間裡來回走動，並持續受旅途所導致的乾渴折磨。消磨了半天的時間，門打開了，一個身著條紋衣物的男子走了進來，他看起來還算文明，是個身材矮小清瘦的金髮男子。這個人說法語，我們當中有許多人蜂擁而上包圍他，用目前為止我們徒勞互問的那些問題排山倒海地淹沒他。

但他不太願意說話：這裡沒人有意願說話。我們是新來的，我們一無所有，我們一無所知；何必把時間浪費在我們身上呢？他勉強告訴我們，其他所有人都出去工作了，他們會在晚上的時候回來。他今天早上剛從Ka-Be出院，不必工作。我問他——帶著一種短短幾天之後，連我自己都不可置信的天真——之後他們是否會至少把牙刷還給我們；他沒有笑，而是臉上帶著濃濃的鄙視，衝著我說道——Vous n'êtes pas à la maison❹，而這句話就像一段副歌般，在我們耳邊一而再再而三地響起：這裡可不是你家，這裡可不是個療養院，你是不可能離開這裡的，除非通過煙囪（而這句話的意義何在？之後的我們將大澈大悟）。

正是如此：口乾舌燥之際，我瞥見窗外伸手可及之處有根誘人的冰柱。我打開窗戶，折斷冰柱，但在外頭那一帶遊走的一個高壯的傢伙立刻上前從我手裡將冰柱扯開。——Warum❺，我用我那七零八落的德語問他。——Hier ist kein Warum❻，他回答道，並猛力將我推回屋內。

那是令人髮指但也簡單明瞭的解說：在這個地方，一切都是禁止的，之所以如此，不是因為什麼不為人知的理由，而是因為，這正是當初他們創立集中營的目的。如果我們想在裡頭存活，必須盡早且深刻地理解這一點：

聖容不在此處，在此游泳可不像在塞爾基奧河裡游泳！❼

一個小時接著一個小時，這個漫長的地獄序曲之日結束了。當太陽漸漸沉入血色的雲彩漩渦時，他們終於讓我們走出棚屋。他們會讓我們喝水嗎？不，他們再次命令我們排好隊，將我們帶到位於營地正中央的大廣場，並仔細地將我們排列成整齊劃一的隊

❹法語，意為「你可不是在自己家」，引申為「這裡可不是你家」之意。
❺德語，意為「為什麼」。
❻德語，意為「在這裡，不准問為什麼」。
❼譯者注：引自但丁《神曲》地獄篇第二十一章。

伍。接下來的一小時裡什麼也沒發生：似乎在等待著什麼人。

營地門邊的樂隊演奏了起來：是名聞遐邇的羅莎蒙，一首多愁善感的小曲，而這在我們眼中顯得怪異突兀，我們忍不住彼此對看並咧嘴竊笑，心中閃過一絲寬慰，也許所有儀式都只不過是老德們的日耳曼式大玩笑。但樂隊演奏完羅莎蒙之後，繼續演奏其他的進行曲，一首接著一首，而這時其他幾個小隊的伙伴們成群地歸來，他們剛收工。他們一列五人地步行著：以一種奇特、不自然而僵硬的方式步行，彷彿只有骨架的傀儡，但他們嚴格地遵照奏樂的節拍踏步。

他們也像我們一樣遵循著某種一絲不苟的秩序，在寬闊的廣場上列隊；等到最後一班也回營，他們點名，接著又重新點一次名，花了一個多小時，此外還進行了漫長的檢查，檢查結果似乎都必須彙報給一名身著條紋衣的人，而那人再向一小群全副武裝的SS稟報一切。

終於（天色已暗，但刺眼的前照燈和聚光燈照亮了整個營地），我們聽到有人大喊了一聲——Absperre[8]！一聲令下，霎時所有隊伍在一陣混亂和騷動中散開。現在，他們走路的樣子不再像先前那樣僵直而抬頭挺胸：所有人都顯得步履蹣跚。我注意到每個人不是手裡拿著就是在腰間繫著一個臉盆一般大小的金屬碗。

我們這些新來的也在人群中遊走，尋找一個聲音、一張和善的臉，尋找一個指引。

有兩個男孩倚著一間棚屋的木牆席地而坐：他們看起來非常年輕，了不起十六歲大，兩個人的臉和手都被煙灰搞得髒兮兮的。我們路過的時候，其中一個叫住了我，用德語問了幾個我聽不懂的問題；接著他問我們來自何方，——Italien ❾，我回答道；我有很多事情想問他，但我會說德語句子非常有限。

「你是猶太人嗎？」我問他。

「是的，猶太裔波蘭人。」

「你到營地裡多久了？」

「三年」，然後他比出三根手指。這代表他還是孩子的時候就進來了，我驚恐地想到；但話說回來，這至少意味著有人可以在這裡活下來。

「你做什麼工作？」

——Schlosser ❿，他回答道。我不明白。——Eisen, Feuer ⓫，他奮力地解釋著，比手畫腳地比劃出拿著鐵鎚敲打鐵砧的動作。所以說，他是個鐵匠。

❽ 德語，意為「封閉」、「阻斷」，此為「解散」之意。來自動詞absperren。

❾ 德語，意為「義大利」。

❿ 德語，意為「鎖匠」。

⓫ 德語，意為「鐵、火」。

——Ich Chemiker[12]，我說道；他用力地點了點頭，回答道——Chemiker gut[13]。

但這一切關乎的是遙遠的未來：眼前，令我備感煎熬的是，口渴。

「喝，水。我們沒水。」我告訴他。他一臉嚴肅，或幾乎可說是嚴厲地望著我，極其緩慢地說道：「別——喝——水——伙——伴，」然後說了一些其他我聽不懂的詞語。

——Warum?

——Geschwollen[14]，我喪氣地垂下頭，我聽不懂。他試圖讓我明白，電報般言簡意賅地說：「腫，」他鼓起臉頰，用雙手在面部和腹部比劃出巨大腫脹。——Warten bis heute abend[15]，「等待——直到——今天——晚上」我一個字、一個字地翻譯。

然後他問我——Ich Schlome. Du[16]?

我告訴他我的名字，然後他問我：「你母親哪裡？」

「義大利。」施洛姆感到訝異：「猶太裔義大利人？」，「是的，」我盡全力向他解釋：「隱姓埋名，沒有人認識她，逃跑，不要說話，沒有人看到。」他明白了；接著他站起身來，迎向我，怯生生地給了我一個擁抱。探險已經結束了，我感覺自己被一股平靜而近乎喜悅的悲傷所充滿。之後我再也沒見到過施洛姆，但是我從沒遺忘他那神情嚴肅卻又如孩童般溫和的面孔，他在死亡之家的門口接待了我。

有待學習的東西還多得不得了，但我們已經學會了很多。我們對於集中營的地形已經有了些概念；我們這個集中營是個每側長六百公尺左右的正方形，被兩層鐵絲網包圍，內層的那個有高壓電通過。它由六十個棚屋組成，在這裡稱為排房，其中的十幾座還在興建中；除了排房之外，還有磚造的廚房區；一個由特權囚犯的分隊管理的實驗農場；木造的浴室和廁所，每一間由六至八個排房的囚犯共同使用。此外還有一些具有特定用途的排房。首先，在營地的最東邊，由八間棚屋所組成的排房，作為Ka-Be和門診部使用；此外還有二十四號排房，即Krätzeblock，疥瘡病患的專屬排房；還有七號排房，沒有任何普通囚犯進入過這個保留給Prominenz——特權分子——的排房，即那些被指派擔任最高等職務的囚犯；四十七號排房保留給Reichsdeutsche⑰（即德籍的雅利安人、政客或罪犯）；第四十九號排房是保留給Kapos的；十二號排房的其中一半供

⑫ 德語，意為「我，化學家」。
⑬ 德語，意為「化學家，很好」。
⑭ 德語，意為「睡」。
⑮ 德語，意為「等到今天晚上」。
⑯ 德語，意為「我叫施洛姆，你呢」。
⑰ 德語，意為「第三帝國的公民」，出生於第三帝國（1871-1949）的德國公民，特指擁有純種雅利安血統的反納粹分子、政治犯。

Reichsdeutsche與Kapos使用，充當菸草、殺蟲粉的販賣部，有時也販賣其它物品；第三十七號排房設有中央行政管理部門和勞動辦公室；最後是第二十九號排房，這個排房總是門窗緊閉，因為那是Frauenblock[18]，集中營的妓院，由波蘭籍的女囚犯提供服務，僅供Reichsdeutsche使用。

一般供居住使用的排房隔為兩間；棚屋的頭目跟他的朋友住在其中一間，Tageraum[19]：裡頭有一張長桌、幾張椅子、幾張長凳；一些色彩鮮豔的物品、相片、雜誌剪貼、圖畫、假花、各種擺飾散布四處；牆上張貼著各種偌大的標語，及歌頌秩序、紀律、衛生的諺語和詩歌；排房的一個角落裡有個櫥窗，用來展示Blockfrisör[20]的工具、用來派湯的勺子以及兩條末端設有頸環的橡膠鞭，一條是束緊的、一條是張開的，這也是為了維持紀律。另一間是宿舍；裡面除了分布三層的一百四十八個床位外，別無他物。床鋪非常密集，彷彿蜂巢一般，將整個房間一直到天花板的空間使用得淋漓盡致，床鋪被三條走道隔開；一般的囚犯就住在這裡，每個棚屋容納兩百到兩百五十個囚犯，換言之大部分的床鋪由兩個人共用，床鋪由活動的木條所構成，每個床位附有一張薄薄的秸稈袋和兩件被子。作為通道使用的走道非常狹窄，勉強可以供兩個人通過；地板的總面積狹小不已，除非一半以上的成員躺在床上，不然棚屋的全體成員無法同時待在一座棚屋裡，因此禁止進入非自己所屬的排房。

集中營的正中央是點名廣場，非常寬廣，一早囚犯在那裡集合，組成工作隊，晚上再回到此處點名。點名廣場的對面有一塊修整良好的草坪，必要的時候會在此處架設絞刑架。

我們很快就了解到，集中營的客人分為三類：罪犯、政客和猶太人。所有人都穿著條紋囚服，所有人都是囚犯，但罪犯的夾克上的編號旁，繡有一個綠色的三角形；政客的則繡有一個紅色的三角形；集中營裡絕大多數是猶太人，他們的夾克上繡有猶太六芒星，紅黃兩色。也有一些SS，但為數很少，他們住在集中營外面，而且相對而言要見到他們並非易事。我們實質上的頭目是綠三角形的那些人，他們可以對我們為所欲為，此外，另外兩個類別的人也爭相逢迎他們：這種人為數不少。

除此之外，我們每個人隨著各自不同的性格，或快或慢地學會了其他的事物；我們學會回答 Jawohl ㉑，從不發問，並總是裝作自己已經明白。我們領悟到食物的價值；現在，我們吃完飯後會認真地把湯碗刮得乾乾淨淨，吃麵時會小心地把它放在下巴的正

⓲ 德語，意為「女性囚犯的排房」。
⓳ 德語，意為「休息室」。
⓴ 德語，意為「官方授權的集中營理容師」。
㉑ 德語，意為「是」、「遵命」。

下方，以免浪費麵包屑。現在就連我們也知道，收到從湯鍋的表面或底部舀起的湯是不一樣的，我們已經能夠根據各種湯鍋的容量，計算排在隊伍的哪個地方最有利。

我們了解到，所有的一切都能派上用場：鐵絲，可以拿來綁鞋；破布，可以拿來墊在腳底；紙張，可以（違規地）拿來鋪在夾克裡禦寒。我們了解到，所有的一切都可能失竊，事實上，只要一不留神，東西便會自動失竊；為了避免有此情形，我們不得不學會一種藝術，即用夾克把我們所有的一切家當——從湯碗到鞋子的一切物件——包成一包並睡在上面。

我們已經非常了解集中營的規矩，複雜得不可思議的規矩，有著多不勝數的禁令：禁止距離鐵絲網兩米之內；禁止穿著外套或不穿內褲或戴著帽子睡覺；禁止使用 **nur für Kapos**[22] 或 **nur für Reichsdeutsche**[23] 的特殊浴室和廁所；禁止在規定淋浴的日子不去淋浴，或在規定的日期之外去淋浴；外套的鈕釦沒扣好或衣領沒折好的不准走出棚屋；禁止把紙張或秸稈塞在衣服裡禦寒；除非打赤膊，不准洗澡。

有無限多種愚蠢的儀式必須執行：每天早晨，我們得將「床」鋪平鋪順；得將特殊的機油塗抹在我們那泥濘而令人作嘔的木鞋上，得將衣服上泥濘的污漬（油漆、油脂和鐵鏽所構成的污漬）刮掉；晚上的時候，我們得被檢查身上是否有蝨子，腳是否已清洗乾淨；星期六，他們剃光我們的鬍鬚和頭髮，為自己修補或請人幫我們修補襤褸的衣衫；星期天，我們被檢查是否有疥瘡，檢查外套的鈕釦，必須是五個。

此外還有無數種一般而言無關緊要的狀況，在這裡卻構成了問題。指甲長了，必須弄短，我們只能用牙齒去啃（腳指甲的話，鞋子自然會把它們磨掉）；鈕釦掉了，你得學會用一根鐵絲將它裝回去；上廁所或去浴室時，必須隨身攜帶所有的家當，隨時隨地都應該這麼做，清洗眼睛時，要用膝蓋夾緊裝有自己衣物的包袱，不這麼做的話，它必然會在轉瞬間遭竊。如果有隻鞋子不合腳，就得在晚上參加換鞋儀式；在那裡，每個人的本事面臨考驗，在一陣陣爭先恐後的踩踏中，你必須能一眼就相中一隻（而非一雙）合腳的鞋子，因為一旦做出選擇，就沒有第二次機會了。

別以為在集中營的生活裡，鞋是種次要的因素。鞋子是死亡的開端：我們大多數人都真切地體驗到鞋子是一種不折不扣的刑具，經過幾個小時的步行後，雙腳可能因不合腳的鞋長瘡，疼痛不堪，甚至可能引發感染而致命。不幸長瘡的人走路時彷彿腳踩一顆球（這就是為什麼每晚歸營的隊伍會有那種幼蟲般怪異的步行方式）；這種人總是最後抵達任何指定地點，總被拳打腳踢；被追趕時他逃不掉；他的雙腳腫脹，而他的腳愈

㉒ 德語，意為「囚監專用」。

㉓ 德語，意為「第三帝國公民專用」。

腫，木鞋與裹腳布的摩擦就更難以忍受。最後只能就醫，但進入醫院並被確診為dicke Füsse[24]是非常危險的，因為眾所周知，特別是對於SS而言，這是種不治之症。

說了這些，我們其實還沒有提到集中營裡的工作，那也是一團錯綜複雜的規矩、禁忌和問題。

所有人都在工作，除了病人（擁有可觀的知識和經驗的人，才有能力讓自己被認定為病人）。每天早晨，我們都會排好隊伍從營地出發前往布納工廠；每天晚上，我們列隊歸營。就工作而言，我們被劃分為大約兩百個Kommando[25]，每個小隊約有十五至一百五十個人，並由一個Kapo指揮。Kommando有好有壞：大部分的小隊負責運輸，這是項非常辛苦的工作，尤其在冬天，無非是因為這總在戶外進行。還有各種專家所組成的Kommando（電工、鐵匠、泥水匠、焊工、機械師、水泥匠等），每種專家在布納工廠的某個工作室或部門工作，更直接地附屬於多為德國人或波蘭人的平民師傅；這一切當然只適用於工作時段：在其他時段裡，相較於一般工人，總數不超過三、四百名的專家並沒有得到任何特殊待遇。集中營裡設有Arbeitsdienst[26]，一個特別的辦公室，專門負責指派任務、組織Kommando等事宜，勞動役部門與布納工廠的平民管理階層持續接觸。勞動役部門根據不知名的標準做決策，那套標準顯然常常基於包庇與賄賂，因此一個人若是有能力餬口，他在布納工廠多半也能爭得一個好職位。

工作時間隨季節有所不同。還有天光的時候都得工作，因此，冬季的工時最短（早上八點至十二點及下午十二點半至四點），夏季的工時最長（早上六點半至十二點及下午一點至六點）。無論如何，特權囚犯不會在天黑後或起濃霧時工作，但一般囚犯即使在下雨或下雪或喀爾巴阡山脈颳起狂風時（而這經常發生），也都正常工作；之所以如此，是因為黑暗或濃霧是逃跑的契機。

每兩個星期天有一個是正常的工作日；在所謂的休假週日，我們不在布納工廠工作，通常是做些維修營地的工作，因此真正的假日，其實非常罕見。

我們的人生大致如此。每天，按照規定的節奏 Ausrücken ㉗ 與 Einrücken ㉘，離營與回營；工作、睡覺和吃飯；生病、康復或死亡。

……直至何時？這個問題令老前輩們發笑：只有新來的會問這種問題。他們大笑而

㉔ 德語，意為「腳腫」，現代德語寫作 dicke Füsse。
㉕ 德語，意為「工作小隊」。
㉖ 德語，意為「勞動役部門」。
㉗ 德語，意為「離營」。
㉘ 德語，意為「回營」。

不作回應：對於他們而言，幾個月或幾年以來，相較於眼前更加緊迫、具體的問題——今天有多少東西可吃，今天是否會下雪，是否有煤炭得卸下——那些關於遙遠將來的問題早已顯得蒼白無力、無關緊要。

我們如果講道理，我們應該認命接受一個明顯的事實：即我們對自己的命運一無所知，而任何的猜測都顯得武斷，且沒有任何真實可靠的依據，但人在自身命運遭受威脅時還能講理的少之又少。無論如何，這些人偏好採取極端的立場；因此，根據各自的性格，我們當中有些人立刻堅信大勢已去，堅信人在此處根本無法存活，生命的盡頭無可遁逃且近在眼前；其他人則選擇相信，無論眼前等著我們的生活有多麼艱苦，我們極有可能在不久的將來獲救，而如果我們懷抱著信心和堅定，我們將能再次見到我們的家園與親人。話說回來，這兩類人——悲觀主義者和樂觀主義者——之間的分野並非如此明確：而這並非因為有許多人是不可知論者，而是因為大部分的人，他們無所謂記憶或前後連貫的能力，隨著對話者和時機的不同，他們在兩個極點間擺盪。

所以我來到了深淵之底。生存所需，我們很快學會將過去和未來的一切一筆勾銷。進入集中營十五天後，飢餓已成了我的常態，這是種自由人所不認識的慢性飢餓，它蔓延至我們的各個肢體，導致我們在夜裡做夢；我已經學會了如何不遭竊，如果我發現一把湯匙、一條繩索、一顆鈕釦，假使我能將它們據為己有且不冒任何被懲罰的危險，我會將它們放入口袋，順理成章地將它們認定為我的所有物。我的腳背上已經長了無痛且無法癒合的爛瘡。我推貨車，鏟東西，在雨水中工作到筋疲力竭，在寒風中顫抖；我的身體已不再屬於我：我的腹部腫脹，四肢乾瘦，早上我臉頰浮腫，晚上則臉頰凹陷；我們當中有人膚色蠟黃，有人膚色如灰，一旦三、四天沒見上面，我們便幾乎無法認出彼此。

我們義大利人，決定每個星期天晚上在集中營的一個角落相聚；但聚會很快便取消了，因為點名太令人心碎：每次點名，點到的人數就更少一些；每一次，我們都會看見彼此更不成人形、更衰弱。走幾步路去聚會是如此的艱辛，然後，見到彼此之後，我們會開始回憶和思考，這樣的事還是不要做比較好。

頭幾天的深夜裡我們顛沛流離地從一個排房被遣到另一個排房，從一個Kommando轉到另一個Kommando，最後我被分配到三十號排房，被指派到一個床位，迪耶那已經睡在那上面。儘管疲憊不堪，迪耶那還是醒來讓出空位給我，並友善地接待了我。

我不睏，更好的說法是，我的睡意被一種緊張和焦慮的狀態所遮蔽，我仍無法擺脫這種狀態，於是我說話，說個不停。

我有太多的事情想問。我很餓，明天他們什麼時候會派湯？我沒有湯匙該怎麼喝湯？怎麼樣才能弄到一把湯匙？他們會把我送到哪裡去工作？迪耶那知道的跟我一樣少，看來如此，於是他以別的問題回覆了我的問題。但從上方、下方、近處、遠處，從這個如今已一片漆黑的小屋的各個角落，有人用睏倦而慍怒的聲音向我發出怒吼——Ruhe，Ruhe! [1]。

我明白他們要我閉嘴，但對我而言這是個陌生的詞語，由於我不懂它的意義和蘊意，我內心裡的焦躁不斷蔓延。在我們這裡，混亂的語言是生活方式的基本成分之一；我們置身在永恆的巴別塔❷中，所有人用你未曾聽過的各種語言彼此吼出命令與威脅，沒能及時會意的人只有自食惡果的分兒。這裡沒人有時間，沒人有耐心，沒人會聽你說話；我們這些新來的小輩本能地群聚在角落裡，羊群似的，背抵著牆，藉此感覺自己的肩膀被什麼東西保護住。

於是我停止發問，並在很短的時間內陷入了某種苦澀而緊繃的睡眠狀態。那不是休息：我感覺自己面臨威脅，就要被襲擊，我如臨大敵，一觸即發。睡夢中，我似乎睡在一條馬路上，在一座橋上，在一道人來人往的門邊。這時，鬧鐘響起了，太早響起。整個排房從地基被撼動了，燈亮了，霎時我身邊所有的人都著魔似地躁動了起來：他們拍打毯子，激起陣陣發出惡臭的塵埃，他們焦急地穿衣，衣服沒穿好便跑到外頭冰凍的空

❶ 德語，意為「安靜，安靜！」。

❷ 希伯來聖經中，有一個故事描述一群說同一種語言的人，在大洪水之後來到巴比倫地區，決定於此地建造一座城市和一座能夠通天的高塔；於是上帝把他們的語言打亂，使他們再也無法明白彼此的語言。而此高塔，便為「巴別塔」。

氣裡，他們衝到廁所和浴室；為了節省時間，很多人野獸般地邊跑邊撒尿，因為在五分鐘以內便會開始發派麵包，發派pane、Brot、Broit、chleb、pain、lechem、kenyér ❸，那個灰色塊狀聖物，在你的鄰人手裡它總顯得很巨大，在自己的手裡則顯得小得令人想哭。這是我們日復一日後，終於習以為常的一種怪錯覺：但在一開始的日子裡，那種錯覺如此令人難以抗拒，我們當中的許多人總覺得，自己為何如此不幸，而別人為何總是如此走運，於是兩相長談之後，最後決定交換糧食，交換完畢後，那份錯覺在逆轉的情況下回復原狀，大家都感到失望而挫敗。

麵包同時是這裡唯一的貨幣：在發麵包和吃麵包間的短短幾分鐘裡，排房裡迴盪著叫囂、爭吵和逃跑的聲響。在這個債務人有能力清償債務的片刻裡，昨日的債權人現身討債。那之後，一種相對的安靜取而代之，許多人利用這段時間再次回到廁所抽半根菸，或回到浴室裡認真地漱洗。

浴室是個令人退避三舍的場所。那裡燈光昏暗，充滿氣流，磚造的地板上覆蓋著一層污垢；那裡的水無法飲用，發出一股令人作嘔的氣味，而且時常停水好幾個小時。牆上繪有詭異、具有教化性質的壁畫：舉例來說，牆上畫有模範囚犯，他赤裸著上身，正努力地在剃得乾乾淨淨的粉色頭顱上抹上肥皂，還有劣等囚犯，他有典型的猶太人鼻子，皮膚發青，身體被包裹在髒兮兮的衣物裡，頭上戴著貝雷帽，小心翼翼地將一根手指浸在水槽裡。第一種下方寫著 So bist du rein（如此你是潔淨的），在後者下方則有 So gehst du ein（如此你就完蛋了）：更下方，以一種似是而非但用哥德字體書寫的法語 La propreté, c'est la santé（清潔即健康）。

對面的那張牆上掛著一幅巨大的紅黑色蝨子以及以下字樣——Eine Laus, dein Tod（蝨子讓你沒命）和充滿啟發的兩行詩：

Nach dem Abort, vor dem Essen
Hände waschen, nicht vergessen.
（用餐前，如廁後，莫忘洗手。）

有許多個星期的時間，我曾單純將這些衛生警語視為德意志精神的表徵，就好像當初我們剛到集中營時，他們提到治療骨刺用的護腰的那種對話風格。但是後來我意識到，那些不知名警語的作者，也許在不知不覺間觸碰到了某些重要的真相。在這個地方，每天在骯髒的水槽裡以混濁的水洗澡，事實上對於清潔和健康絲毫沒有用處；然

❸ 義大利語、德語、意第緒語、波蘭語、法語、希伯來文、匈牙利語，意為「麵包」。

而，這麼做之所以很重要，是因為那可說是殘存的生命力的一種表徵，是維持求生意志的必要手段。

我必須承認，在被監禁短短的一週之後，保持整潔的本能在我身上已經蕩然無存。我搖搖晃晃地在浴室裡遊走，而史坦因勞夫，我那年近五十歲的朋友，赤裸著上身，徒勞無功地（沒有肥皂）使勁磨擦他的脖子和肩膀。史坦因勞夫看到我並問候我，二話不說便嚴厲地問我為什麼不洗澡。我為什麼要洗？洗了以後我會過得比現在更好嗎？會更討人喜歡嗎？能因此多活一天或一小時嗎？我反而會因此更短命，因為洗澡也是一種勞動，一種能量和熱量的消耗。史坦因勞夫難道不知道，只需搬運煤炭袋半小時，他和我之間的區別就會完全消失嗎？我越想就越覺得，在我們所處的條件下洗臉根本是一件毫無意義、甚至可說是輕率的事：一種機械性的習慣，或者更糟，那只是詭異地重複一個已然滅絕的儀式。我們大家將會死去，我們就要死了。如果在鬧鐘響起和勞動之間我多了十分鐘可用，我要把這些時間奉獻給別的事，我要全神貫注在自己身上，回顧自己的一生，或者看看天空，想著這或許是我最後一次有機會看見它；或者我會單純地等待著，允許自己享受片刻的悠閒。

但史坦因勞夫出聲要我閉嘴。他已經漱洗完畢，現在正用他原本捲成一團夾在兩膝之間、之後會拿來穿在身上的帆布夾克擦乾自己，他沒有中斷這個操作，並認真地訓斥了我一頓。

如今我已遺忘他那正氣凜然而清楚明白的話語——而這令我深感痛心——一戰時曾獲頒鐵十字勳章的前奧匈帝國軍士長史坦因勞夫的話語。我很痛心，因為接下來我得用我那倔強的語彙，轉述這位優秀的軍人，以語意不清的義大利語娓娓道來的一席話。但這是他所表達的意思，那時或那之後我始終銘記在心：正因集中營是用來讓我們淪為野獸的機器，我們絕不應淪為野獸；即使在這樣的地方，人也能存活，因此，必須保有存活的意願，我們得活著出去，向世人訴說我們的遭遇，作為見證；而為了活下去，很重要的是，至少要保住這副軀殼，這身形骸，這個代表文明的形體。我們是奴隸，被剝奪了所有的權利，暴露在各種凌辱下，幾乎可說死路一條，但我們仍保有一份能力，而我們必須竭盡所能地捍衛它，因為那是我們所剩的唯一一項能力：拒絕同意的能力。因此我們當然要洗臉，即使沒有肥皂，即使要用骯髒的汙水，即使得拿夾克來把臉抹乾。我們必須給鞋子上鞋油，並不是因為他們這麼規定，而是出於尊嚴和所有權。我們必須抬頭挺胸地走路，不應步履蹣跚，而這不是為了歌頌普魯士紀律，而是為了存活，為了不要開始死去。

史坦因勞夫向我說了這些事，他是個充滿善意的人：我的耳朵不習慣這些奇怪的東西，只理解和接受了一部分，並將它們簡化成一項更容易、更有彈性、更平淡的教條，一項幾個世紀以來阿爾卑斯山脈這一側的人習以為常的教條；此外根據這個教條，天底下沒有比迫使自己吞下他人所闡述的道德體系更徒勞無功的了。不，史坦因勞夫的智慧和美德對他而言當然很好，但對我來說是不夠的。面對這個錯綜複雜、地獄般的世界，我感到心亂如麻；難道真的有必要創造出一個價值體系並將之付諸實踐？抑或人只要意識到沒有價值體系就好，這樣是否更有益健康？

每個日子彼此相似，計算日子並不容易。不知道已經多少天了，我們日復一日、成雙成對地在鐵路和倉庫間穿梭：一百多米的路程裡，土地正在融冰。去程裡身負重物，回程時手臂垂掛在身側，沉默不語。

四周的一切都對我們帶著敵意。我們的頭頂上，邪惡的雲層如影隨形，遮蔽了陽光；四周盡是歷盡千錘百鍊的鐵。我們從未見過集中營的邊界，但我們感覺到四周圍繞著帶刺的鐵絲網，邪惡地將我們與世界隔離。在鷹架上、在運行的火車上、在街道上、在洞穴裡、在辦公室裡，人與人，奴隸和主人，同樣是奴隸的主人；恐懼鞭笞著某些人，厭惡驅策著其餘的人，任何其他的力量一片沉寂。所有人都是敵人或對手。

不，事實上，我今天的這個伙伴，今天跟我一起背負重擔的伙伴，我並不覺得他是個敵人或是對手。

他是Null Achtzehn。只能以這種方式稱呼他，018，他的序列號的末三碼：彷彿所有人都已意識到，唯有人才有資格擁有名字，而018已不再是個人。我認為他自己也已經忘記了自己的名字，至少他表現得彷彿如此。他說話、看東西的方式給人一種印象，彷彿他的內在是空的，他只是個空殼，就好像池塘邊，常見被蜘蛛絲繫在石頭上的昆蟲屍體一般，隨風搖曳。

018很年輕，因此非常危險。不僅僅是因為相較於成年人，年輕男孩比較無法忍受辛苦和飢餓，更因為在這裡，為了生存，需要長時間培養戰力，應付人與人之間那無盡的鬥爭，而很少有年輕人具備此種戰力。018的體能也不算特別虛弱，但沒有人願意和他一起工作。他對一切都無動於衷，他不會設法逃避疲勞與毆打，或尋找食物。他會執行所收到的一切命令，可想而知的是，當他們要處死他時，他也會無動於衷地赴死。

他絲毫不具有馱馬的狡猾，不會在筋疲力竭前停下不拉車：只要還有一絲力氣，他就使勁地拉、載或推，然後突然不支倒地，沒有發出隻字片語的警訊，倒地之後也不會以悲傷混濁的眼睛仰望哀求。他讓我想起傑克·倫敦筆下的雪橇犬，直到嚥下最後一口氣前牠都奮力工作，最後死在雪道上。於是，由於我們所有人都千方百計地逃避辛苦，018就是幹最多活的那個人。因此，有鑑於他是個危險的伙伴，沒有人願意和他一起工作，而我既虛弱又笨拙，沒人願意與我一起工作，因此我們往往被湊成一對。

當我們又一次空著手拖著腳步返回倉庫，一輛蒸汽火車猛然鳴笛，在我們眼前橫駛而過。被迫停下來休息片刻的018與我滿心歡喜：彎腰駝背、衣衫襤褸的我們等待列車緩緩地從我們眼前駛過。

德國國營鐵路。德國國營鐵路。法國國營鐵路公司。兩個巨型的蘇聯車廂，錘子與鐮刀的標誌沒有完全去除乾淨。德國國營鐵路。接著，馬力八、人數四十、載重、最大裝載量：這是一節義大利的車廂……進到那列火車，找一個角落，隱身在煤炭堆裡，黑暗中靜止不動噤聲不語，無止無盡地聆聽軌道的節奏，戰勝飢餓與疲勞；某一刻，火車停了下來，感受到了溫暖的空氣和乾草的香氣，那時我就可以去到外頭，來到陽光下：然後我會躺在地上，親吻大地，就像書本中所寫的那樣：將臉埋在草裡。而這時會有個女人路過，她會用義大利語問我：「你是誰？」而我會用義大利語對她說話，她會明白，並提供我食物與住宿。她會對我所說的一切感到不可置信，而我會把手臂上的編號給她看，然後她就會相信……

……結束了。最後一輛貨車開了過去，舞台的布幕被收起，我們眼前出現了堆積如山的鑄鐵支架，Kapo站在上頭，手裡拿著一把鞭子，消瘦的伙伴成雙成對，來回穿梭著。

做夢等於是自找苦吃：夢醒時分隨之而來的幻滅是最為椎心的苦。但我們不常做夢，做的夢也不長：我們不過是些疲憊的野獸。

又一次，我們來到鑄鐵堆的腳下。米沙和加利西亞人抬起了一個支架，粗魯地將它放到我們的肩上。他們的工作是最不費力的，因此他們裝出一副很賣力的樣子，以確保他們的位子：他們對動作緩慢的伙伴大聲吆喝、鞭策、警告，將勞動維持在一種令人吃不消的節奏。這令我忿忿不平，即使如今我已知曉，特權者壓迫非特權者是集中營的常態：集中營的的社會結構正是建立在此種人際法則之上的。

這一次輪到我走在前面。鑄鐵架又重又短，因此我每走一步都會感覺到在我身後的018，他的腳不時跟我的腳絆在一起，因為他跟不上我的腳步，或者應付不過來。

二十步的路，我們來到了軌道的地方，有個坑窪得跨過去。支架沒放好，有點不對勁，一直要從肩上滑落。五十步、六十步。倉庫的門到了；再走個五、六十步，我們就可以卸下支架。夠了，我走不動了；支架現在已經完完全全滑落到我的手臂上；我再也無法忍受疼痛與疲勞，大叫了一聲，設法轉身：正好來得及看到018絆倒了，支架砸落在地。

假使我的身體還像往日一樣靈敏，我就能夠向後跳開；但我跌倒在地，全身肌肉痙攣，雙手緊緊抱著被砸中的那隻腳，疼痛使我眼前發黑。鑄鐵的尖角擊中並割傷了我左腳的腳背。

一瞬間，周遭的一切消失在痛苦的眩暈中。當我再次能夠環顧四周，018 還站在原處，他沒有移動，袖手旁觀，不發一語，只是面無表情地望著我。米沙和加利西亞人走了過來，彼此以意第緒語交談，給了我一些我聽不懂的建議。坦普勒和達維，還有其他所有人都過來了：藉機暫停工作。Kapo 也來了，他拳打腳踢、嚴聲斥喝地將他們驅走，而同伴們就像米糠一樣隨風飄散開來；018 用一隻手摸了摸鼻子，不發一語地看著沾血的手。我只在腦袋上挨了兩記耳光，是打上去不覺得痛的那種，因為一打我就昏了過去。

這個意外事件就此作收。不知是好是壞，我發現自己還能站立，應該沒有骨折。我不敢脫鞋，生怕再度喚醒疼痛，也因為我知道那隻腳遲早會腫起來，屆時我就無法再把鞋穿上了。

Kapo 派我去取代加利西亞人的位子，而他惡狠狠地瞪了我一眼，便走到 018 身邊就位；不過，現在英國囚犯已經走了過去，返回營地的時間就要到了。

行進的時候，我盡量加快腳步，但我跟不上；Kapo 指定 018 和芬德扶著我走，一直扶到SS面前，最後我終於回到棚屋（幸好今晚沒有點名），可以倒在床舖上喘息。

也許是因為屋裡比較暖和，也許是行走導致的疲勞，疼痛的覺醒再次甦醒，受傷的腳上仍有種怪異的濕潤感。我脫掉鞋子：它沾滿了血，如今它已和泥漿還有我一個月前找到的破布凝結為一體，破布條被我拿來當裹腳布，一天裹在右腳，隔天換裹左腳。

今晚喝了湯之後，我要去**Ka-Be**。

Ka-Be是德語的**Krankenbau**一詞的縮寫，就是醫務室。總共有八個棚屋，跟營地裡其他的棚屋十分類似，不過被以一面鐵絲網隔開。營地裡保持有十分之一的人待在那裡，但很少有人能在那裡待超過兩個禮拜，沒人能待超過兩個月：在這些期限之內，我們要不是死掉，要不就是康復。有康復傾向的就會被送往**Ka-Be**，病情有惡化傾向的就被送往毒氣室。

所有這一切，都多虧了我們屬於「有經濟用途的猶太人」的類別。我從來沒有待過**Ka-Be**，也沒去過門診部，這裡的一切都對我而言都是陌生的。

有兩個門診，內科和外科。兩列長長的人影在夜裡冒著寒風，排在診所的門前。有些人只需要稍作包紮，或拿幾顆藥丸，其他人得要看病；有人一看就知道大限將至。排在兩列隊伍前面的幾個人已經脫了鞋準備好入內；其他人，隨著輪到他們進入診間的時刻越來越近，在彼此推擠的人群中想方設法地解開自己的幸運繫帶，鬆開用來繫鞋的鐵絲，或小心翼翼地打開珍貴的裹腳布，小心不弄破它；不能太早這麼做，免得要無謂地光著腳踩在爛泥裡；也不能太晚這麼做，以免錯失進入診間的時機：因為穿鞋進入Ka-Be是嚴格禁止的。執行這項禁令的人是坐鎮在兩個門診間，一名身材魁武的法籍囚犯。他是營地裡為數不多的法籍職員之一。可別以為穿著泥濘破爛的鞋度過一天只是個小小的特權：只要想想有多少人穿著鞋來到Ka-Be，但出來時便不再需要鞋子就能明白……

輪到我進去的時候，我奇蹟似地脫掉了我的鞋子和裹腳布，並且兩者都沒有弄丟，沒讓人偷走湯碗和手套，身體也沒有失去平衡，儘管我手裡一直緊緊抓著我的帽子，進入棚屋的人是一律禁止戴帽的。

我將鞋放在寄放處，並領取了相關的提領單，然後光著腳，一跛一跛的，手裡捧著所有那些無法寄放在任何地方的家當，我獲准入內，排到通往診間的另一列隊伍裡。

我們一邊排隊一邊持續脫下身上的衣物，快要排到隊伍的盡頭時，必須光著身體，因為護士會把溫度計塞在我們的腋下；如果有人還穿著衣服，便會失去這回的機會，得重新排隊。每個人都必須量體溫，即使他們只是長了疥瘡或是牙痛。

如此一來便可以確保沒有患上重病的人不會隨便鋌而走險地前來參與這個複雜的儀式。

終於輪到我了：我被允許來到醫生面前，護士取下體溫計，並向我宣布：「174517號，沒發燒。」不需要對我進行深入的診療：我立刻被宣布為Arztvormelder❶，我不知道這個詞的意思為何，但這當然不是個要求給予解釋的地方。我被趕了出去，領回鞋子，並回到了棚屋。

沙吉姆對我表示祝賀：我的傷口情況良好，似乎沒有危險，並讓我獲得一定時間的休息。我將和他人一起在棚屋過夜，但明天早上，我不用上工，而是必須回到醫生那兒進行最後的確診：這就是Arztvormelder的意思。沙吉姆對這類事情很有經驗，他認為我明天很有可能會被安排進Ka-Be。沙吉姆是跟我合睡一個床鋪的夥伴，我對他毫無戒心。他是波蘭人，虔誠的猶太人，學習猶太律法。他與我年齡相仿，是鐘錶匠，在布納工廠裡擔任精密機械師；因此他是少數能仰賴其專業技藝且保有尊嚴和自信心的人。

事情果然如此。起床並吃了麵包之後，他們把我和同個棚屋的三個人叫到外面。他們把我們帶到點名廣場的一角，那裡有一列長隊，全都是今天的Arztvormelde；來了一個人，取走了我的湯匙、帽子和手套。其他人都笑了，難道我不知道我得將那些東西藏起來或託付給某個人保管，或最好把它們全部賣掉？難道我不知道不能帶著它們進入

❶ 德語，意為集中營裡，復原機會相對較高，必須給醫生再次確診的病患。

Ka-Be嗎？後來他們看了我的編號，搖了搖頭：一個號碼這麼大的人什麼蠢事都幹得出來。

接著他們清點了我們的人數，冷天裡要我們在戶外脫下衣服，他們脫掉了我們的鞋子，又再次清點了人數，他們替我們刮鬍子、剃頭髮和體毛，然後又點了一次人數，並要求我們去淋浴；接著來了一個SS，他興味索然地看了看我們，駐足在一個長有一大顆泡疹的人的面前，要他站到一邊去。之後，他們又將我們清點了一次，並再次讓我們去淋浴，雖然我們洗完第一次淋浴後身體還溼答答的，有幾個發燒的人更凍得渾身發顫。

現在我們已準備好進行最後的確診。窗外看得見白色的天空，有時還能看見太陽；在這個國度裡，你可以像是透過一層霧面的玻璃那樣直視被雲層遮蔽的太陽。從太陽的位置可以判斷現在的時間應該是下午兩點過後：湯是喝不到了，我們已經站立十小時，並光著身體六小時了。

這次的看診也出奇地快：醫生（他像我們一樣身著條紋服裝，但外頭多套了一件白袍，白袍上繡有編號，他比我們胖得多了），他看了看、摸了摸我那腫脹流血的腳，弄得我痛得尖叫，接著他說——Aufgenommen, Block 23 ❷。我嘴巴開開地杵在那兒，等待他給予一些其他的指示，但有人粗魯地將我向後拉，猛地將一件斗篷丟在我赤裸的肩膀上，遞給我一雙涼鞋，接著將我驅趕到戶外。

幾百公尺外就是二十三號排房：上面寫著 Schonungsblock ❸：天知道那是什麼意思？在裡頭，他們脫掉我的斗篷和涼鞋，我再次光著身子，排在一列光著身子且骨瘦如柴的傢伙後面：我們是本日入院者。

很久以來，我已經不再試圖去理解任何事。就我而言，帶著受傷但還沒上藥的腳站立，飢寒交迫，已讓我感到厭倦不堪，因而對一切已失去興趣。這大有可能是我有生之年的最後一天，這個房間大有可能是眾人口耳相傳的毒氣室，我又能怎麼辦？還不如靠在牆上，閉上眼睛等待。

我的鄰人應該不是猶太人。他沒做過割禮，此外——這是我目前為止學到的少數幾件事情之一——金色的毛髮、巨大的面孔和高大的體型是非猶太裔的波蘭人的特徵。他的個頭比我高了一個頭，但身形還算圓潤，就像沒有挨餓的那些人一樣。

我試圖詢問他是否知道他們何時才會允許我們進去。他轉身面向護士，而那護士跟他彷彿一個模子刻出來的，站在角落裡抽菸，兩人有說有笑，但沒有回答我，彷彿我不存在。接著其中一人抓起我的手，看了看我的編號，然後他們又笑得更大聲了。所有人

❷ 德語，意為「二十三號排房，記錄完畢」。

❸ 德語，意為「休養排房」。

都知道編號 174000 的是猶太裔義大利人：兩個月前來到此處，眾所周知的猶太裔義大利人，都是些律師、醫生，原本有超過一百人，如今只剩四十人，是些不擅長勞動，任憑自己的麵包被偷，從早到晚都挨耳光的那群人；德國人稱他們為 zwei linke Hände❹，就連猶太裔波蘭人都蔑視他們，因為他們不會說意第緒語。

護士指著我的肋骨給他看，好像我是解剖室裡的一副大體；他指著我的眼皮、腫脹的臉頰和骨瘦如柴的脖子，並曲著身體用食指按壓我的脛骨，向另一個人展示他的手指在我那蒼白的肉體上留下的深層凹陷，就像按在蠟上一樣。

但願我從未向那個波蘭人問過話：我覺得自己有生以來從未遭受過比此更加惡毒的侮辱。這時，護士似乎已經完成了他的演示，我聽不懂他說的語言，但那在我耳中聽起來很糟糕；他轉向我，以一種近似德語的語言，紆尊降貴地將病歷單拿給了我——Du Jude kaputt. Du schnell Krematorium fertig❺。

又過了幾個小時之後，所有的囚犯才一一被強抓進去，領到襯衫，並填寫好他們的病例卡。一如往常，我是最後一個；有個傢伙，他穿著顏色鮮豔的粗條紋新衣，他問我我是在哪兒出生的，身為「平民」的我當時是做什麼職業的，問我是否有孩子，生過什麼病，他問了不少問題，這些東西又能派上什麼用場，又是一齣複雜的戲碼，只是用來看我們笑話的。這會是醫院嗎？他們讓我們光著身體站著，並給我們問問題。

終於，他們也給我開了門，我得以進入宿舍。

在這裡也是，就好像在所有地方一樣，三層的床鋪在棚屋裡排成三列，並被兩條極為狹窄的走廊隔開。床鋪共一百五十個，病患大約有兩百五十人：換句話說幾乎每個床鋪都睡了兩個人。睡上鋪的病人被天花板壓著，幾乎坐不起身；他們好奇地探了出頭，張望今天新來的人，這是一天裡最有趣的時刻，總能找到幾個熟面孔。我被分配到十號床；簡直是奇蹟！竟然是個空床。我舒舒服服地伸展肢體，打從我進到集中營裡，這是我頭一次獨享一整個床鋪。儘管我飢腸轆轆，只消十分鐘之內我就睡著了。

生活在 **Ka-Be** 就好像生活在靈薄獄。除了飢餓與疾病一類的折磨之外，物質上的不適相對較少。這裡不冷，毋須勞動，而除非你犯下嚴重的疏失，不然基本上不會挨揍。

鬧鈴設在四點鐘，病號也不例外；我們得鋪好床鋪，完成漱洗，但不必那麼匆忙，要求也較不嚴格。五點半分發麵包，我們可以從容地將麵包切成薄片，還可以靜靜

❹ 德語，意為「有兩隻左手的人」。

❺ 德語，意為「你這猶太人，完蛋了，你很快就進火化場，一命嗚呼」。

地躺著吃；之後可以睡個回籠覺，一直睡到中午發湯的時候。接近下午四點的時候是Mittagsruhe，午休時間；這個時段往往是醫生給人看診和上藥的時候，病人得下床，脫下襯衫，並在醫生面前排好隊。晚餐也是逐床分發的；之後，晚上九點的時候，除了警衛室朦朧的夜燈之外，所有的燈全都熄滅，接著便是一片死寂。

……進到集中營以來，這是我第一次在熟睡中被吵醒，我從無夢的狀態裡再次甦醒。分發麵包的時候，樂隊開始彈奏的聲音從窗外、穿過漆黑的空氣遠遠地傳來：是那些沒有患病的伙伴，他們正成群結隊上工去了。

從Ka-Be聽不太清楚那音樂：只能聽見大鼓與銅鈸頑強而單調的聲響，在這個基調上，斷斷續續的樂曲與呼嘯的狂風彼此交織。我們在床舖裡面面相覷，因為我們大家都感覺到，那是來自地獄的音樂。

主旋律很少，只有十多個，每天早晚都是那幾個：是些德國人耳熟能詳的進行曲和民謠。這些樂曲深深地銘刻在我們的腦中，在與集中營有關的一切事物當中，這將會是我們最後忘掉的一件事：那是集中營的聲音，它那瘋狂殘暴的思想體系的具體展現，他們首先消滅我們作為人的意識，再緩慢地殘殺我們的肉體。

每當這種樂曲響起，我們知道外頭伙伴們正冒著霧，機器人似地出發上路了；他們的靈魂已死，音樂取代了他們的意志驅動著他們，就好像風吹動乾枯的落葉那樣。不再有什麼意志：樂器每個震動化為一個步伐，疲憊的肌肉所作的一種反射收縮。德國人得逞了。他們有一萬人，而他們僅僅是一部灰色的機器；他們確實堅定不移，沒有想法，沒有欲望，只是單純地行進著。

囚犯進出營地時總有SS到場。誰能夠剝奪他們前來觀賞這場他們一手自編自導的壯觀舞蹈的權利呢？誰能阻止他們前來觀賞行屍走肉般的男子，一隊接著一隊前仆後繼地從濃霧中，走向另一團濃霧中的景象？還有什麼比這個更能具體地證明他們的勝利？

Ka-Be裡的人也認得這種上工和收工的儀式，遵循著一種無止盡韻律的催眠術，用來扼殺思想與緩解痛苦；他們經歷過且將再次經歷這一切。但是我們必須擺脫魔咒，從外部去聆聽那音樂，就像在Ka-Be裡那樣，就像如今我們在獲得解放和重生之後重新想起那一切一樣，我們必須拒絕服從它，也拒絕忍受它，以了解那一切究竟為何；以了解當初究竟是基於何種理由德國人蓄意創造了這個令人髮指的儀式，了解為什麼直到如今，每當有關這些單純的歌曲的記憶再次被挑起，我們血管裡的血液仍然會停止流動，並意識到能從奧斯維辛活著回來絕非一件微不足道的小事。

有兩個人睡我隔壁床。他們整天整夜都躺著，緊緊挨著彼此，皮膚貼著皮膚，就像黃道十二宮的雙魚座一樣，腳抵著彼此的頭頂交錯地睡。

其中一人是沃爾特・波恩，一個荷蘭的平民，還算有教養。他看到我沒有可以用來切麵包的工具，就把他的小刀借給了我，並主動提出要以半份麵包的價碼將小刀賣給我。我跟他討價還價，然後我放棄不買，我認為在 **Ka-Be** 這裡總能找到一個願意借刀子給我的人，而且在外頭一把小刀要價才三分之一塊麵包。儘管如此，沃爾特對我仍然保持禮貌，中午他喝完湯，便用嘴唇將湯匙抹乾淨（在把湯匙借給別人之前，重新將湯匙舔乾淨，以免浪費沾在湯匙上的湯漬，是一種好規矩），便主動把湯匙拿給我使用。「沃爾特，你得了什麼病？」，**Körperschwäche**，肌肉衰竭。這是最糟糕的疾病：無法治愈，而且帶著這種診斷進入 **Ka-Be** 是非常危險的。要不是腳踝處的水腫（他把腳踝露出來給我看）使他無法上工，他絕不會任憑別人把自己送來住院的。

對於這一類的危險，我的概念仍相當模糊。大家不直接談論，而是透過隱喻暗示，而每當我提出一些問題時，他們便看著我，不發一語。

所以，人們聽說的那些有關淘汰、毒氣、火葬場的傳言真有其事了？

火葬場。另一位，沃爾特的鄰居，猛然醒來，並坐起身來：誰在談論火葬場？發生了什麼事？難道不能讓人安安心心地睡個覺嗎？他是一個猶太裔波蘭人，白化病患者，面容消瘦而和善，他已經不再年輕了。他叫做施姆列克，是個鐵匠。沃爾特簡要地將情形告訴他。

所以說，der Italeyner❻不相信有淘汰這回事？施姆列克本來想說德語，但他說的是意第緒語；我勉強聽得懂，是因為他想讓人聽明白。他點頭示意要沃爾特別說話，由他來說服我：

「讓我看一下你的編號：你是174517號。這個號碼是十八個月前開始啟用的，適用於奧斯維辛和附屬於它的所有集中營。我們現在有一萬人在布納—莫諾維茨集中營；大概有三萬人在奧斯維辛、比克瑙集中營。Wo sind die Andere❼？其他人在哪裡呢？」

「也許被遣送到其他的集中營去了……？」我提出我的想法。

施姆列克的頭一垂，轉向沃爾特說：

——Er will nix verstayen（他完全不想知道）。

然而命運很快要讓我明白，為此付出代價的正是施姆列克本人。晚上，棚屋的門被

❻德語，意為「這個義大利人」。應寫作 der Italiener，此作 Italeyner，推測是因為德語既非沃爾特也非普利摩．李維的母語。

❼德語，意為「其他人在哪裡」。

打開，一個聲音喊道——Achtung! ❽所有的聲響瞬間熄滅，只聽得見鉛一般的沉默。

兩個SS走了進來（其中一個級別很高，也許是一名軍官？），他們在排房裡的腳步聲聽起來彷彿在空屋裡；他們和主治醫師說了話，後者拿了一本登記簿，這兒那兒地指給他們看。那位官員在一本小冊子上做記錄。施姆列克用膝蓋頂了頂我——Pass' auf, pass' auf（當心）。

軍官後面跟著醫生，不發一語而漫不經心地繞行在臥鋪間，手裡拿著一條鞭子，朝著從上層臥鋪垂下的一條被角抽打了一下，病人衝過去整理好。軍官走了過去。

另一個病患臉色發黃；軍官掀開他的被子，他嚇得跳了起來，官員摸摸他的腹部說——Gut, gut ❾，然後就走了過去。

這時他的目光停佇在施姆列克身上，拿出小冊子，查看床號和紋身編號。我從上面清楚地看到了一切：他在施姆列克的編號旁打了個叉。然後就走了過去。

現在我望向施姆列克，並看見他身後的沃爾特的眼睛，於是我沒有提出任何問題。

隔天，出口處不像平常那樣排著康復者的隊伍，而是清楚地分成了兩隊。前面一隊的人都被刮了鬍子剃了頭，並洗了淋浴。後面一隊的人則是留著長長的鬍鬚，沒換藥，也沒淋浴。沒人向後面一隊的人告別，沒人託他們給健康的伙伴帶口信。

施姆列克屬於這一隊。

就是以這種內斂而淡定的方式，沒有排場也沒有憤怒，日常的屠殺在Ka-Be的棚屋間遊走，輪到這個或那個。施姆列克臨走前將他的湯匙和小刀留給了我；沃爾特和我躲避著對方的眼睛，久久說不出一句話。後來，沃爾特問我怎麼樣能將得到的麵包保存很久，並向我解釋說，他通常是沿著長面將麵包切成長片，這樣一來才有較大的面積方便塗抹人造奶油。

沃爾特向我解釋了很多事：Schonungsblock的意思是休養室，在這裡的都是些症狀輕微的病患、康復中的病患，或不需要照料的病患。他們當中，至少有五十多個病情輕重不一的痢疾患者。

這些人每三天接受一次檢查。他們沿著走廊排隊；走廊盡頭擱著兩只馬口鐵小盆，還有個護士，帶著登記簿、鐘錶和鉛筆。每次兩個病人報到，他們必須當場並立刻證明他們有持續腹瀉的症狀；為此目的，他們被給予一分鐘整的時間。接著，他們將結果提交給護士，由他進行觀察和判斷；他們迅速地在一個專用的大桶子裡將小盆洗一下，就換接下來的兩個人進來了。

❽ 德語，意為「注意」。
❾ 德語，意為「很好，很好」。

在等待檢查的那些人當中，有些人竭力地扭曲著身體，為的是再將那寶貴的證物憋個二十或十分鐘；另外一些當時沒有便意的人則反其道而行，使勁地收緊血管和肌肉培養便意。護士無動於衷看著這一切，輕輕地啃咬著鉛筆，看看手錶，再看看一個個呈遞到他面前的樣本。碰到有疑慮的案例，他便端著小盆，拿去給醫生看。

……有人來看我——是羅馬人皮耶羅・索尼諾。他說：「你有看到我是怎麼糊弄那傢伙的嗎？」皮耶羅患有非常輕的腸炎，在這裡已經待二十天了，他在這裡過得很好，獲得休息，人也開始發胖，他對淘汰一事嗤之以鼻，並決定不惜一切代價在 Ka-Be 一直待到冬天結束。他的伎倆是排在一些真正的痢疾患者後面，這樣就能確保過關；快要輪到他的時候，他便要求痢疾患者跟他合作（以湯或麵包作為報酬），而如果那個人願意，他就會趁護士一個分神的時候趁亂將便盆調包，伎倆便一舉成功。皮耶羅知道他所冒的風險，但目前為止他都有順利得逞。

但是 Ka-Be 的生活不只是這樣。不是生死交關的淘汰時刻，不是檢查腹瀉和蝨子的怪誕情節，也不是疾病。

Ka-Be 是減去了身體不適的集中營。因此，那些仍保有一絲良知的人在那裡重拾良知；因此，在那些漫長而空虛的日子裡，除了飢餓和勞動之外，在那裡我們還談論些別的，有時我們會思考他們將我們變成了什麼，他們已經奪走了我們多少東西，這是一種什麼樣的生活。在 Ka-Be，待在這個相對和平的中繼站裡，我們理解到我們的人格是脆弱的，它遠比我們的生命更容易遭受威脅；而古聖先賢們當初與其告誡人「勿忘終有一死」，不如提醒我們這個威脅著我們的更大的危險。如果從集中營的內部有什麼值得透露給自由人的訊息，那就是：別讓任何人在家中遭受我們在這裡所遭受的痛苦。

勞動時，我們受苦，沒有時間思考，幾乎無法憶起自己的家園。而在這裡，我們有時間，床鋪與床鋪間——儘管這是禁止的——我們彼此探視，一次又一次地交談。在擠滿了痛苦之人的木造棚屋裡，充滿了話語、回憶和另一種痛苦。Heimweh，德語如此稱呼這種痛苦；這是一個很優美的詞語，意思是「鄉愁」。

我們知道我們來自何處：有關外界的回憶充滿了我們的睡夢和無眠的夜晚，我們驚訝地意識到我們什麼都沒忘，被喚醒的每一分記憶都如此令人痛苦地歷歷在目。

但我們不知道我們將何去何從。我們也許可以戰勝疾病而倖存，逃過淘汰的劫數，甚至可以抵擋得住勞動和飢餓的折磨：但之後呢？在這裡，我們暫時遠離了辱罵和毆打，我們可以回歸自身，靜靜沉思，於是事實顯得再清楚也不過了，我們是回不去的了。我們被密閉的貨車運送至此處；我們看見我們的女人和孩子一去不返；我們淪為奴隸，沉默無語、拖著疲憊的步伐上工收工步行了百次，在淪為無名死者之前，我們的靈

我們的夜晚

在 Ka-Be 待了二十天以後，我的傷口幾乎癒合了，於是我心不甘情不願地被請了出去。程序很簡單，但重新適應的時期痛苦而危險。沒有特殊靠山的人離開 Ka-Be 後不會被送回原先所屬的排房和 Kommando，而是按照我不知道的標準被募集到另一個棚屋，並被叫去從事任何其他工作。此外，人是光著身子走出 Ka-Be 的；他們得領取「新的」衣服和鞋子（我的意思是，不是當初進來時交出來的那些），他們得快手快腳、勤快地尋找並試穿，以找到適合自己的衣服和鞋子，這很費勁，而且得付出某些代價。必須重新弄到湯匙和小刀；最後，最艱鉅的就是這一點，他們落到了一個格格不入的陌生環境，身邊都是些從未見過並懷有敵意的伙伴，他們還不了解帶頭的人的性格，因此很難做好防範來保護自己。

人的求生能力是驚人的，縱然看似身處絕境，人總有辦法給自己掘出一個藏身的窟、分泌出一層外殼，或在四周築起一道小小的防禦屏障，而這真值得人們深入研究。這種蠶食般的適應行為是一項可貴的能力，部分是被動而無意識的，部分是主動的：在床鋪上方釘個釘子，夜裡用來掛鞋；跟隔床的鄰人心照不宣地達成互不侵犯的共識；猜到並接受每個排房、每個棚屋特有的習慣與規矩。憑藉著這種能力，幾個星期以後，就能找到一定的平衡，面對各種意想不到的事時也有一定程度的安全；巢已築好，移植的創傷已經克服。

然而，從Ka-Be出來的人，赤裸裸的，而且身體多半尚未充分康復，感覺自己彷彿突然被拋入黑暗而冰冷的星際間。他的褲子總是往下掉，鞋子弄得腳很痛，襯衫沒有鈕釦。他想與人接觸，別人背過身去。他像個新生兒般脆弱無助，但一早仍得上路幹活去。

當護士履行各種規定的行政程序，將我交到四十五號排房的Blockälteste❶的手中時，我就是在這樣的處境裡。但一瞬間，有個想法令我充滿喜悅：我真幸運，這可是阿爾貝托的棚屋呢！

阿爾貝托是我最要好的朋友。他只有二十二歲，小我兩歲，但我們義大利人當中沒人展現像他那樣的適應能力。阿爾貝托是抬頭挺胸走進集中營的，他潔身自愛且毫髮無

❶ 德語，意為「排房營長」。

傷地在集中營裡生活。他比誰都先了解到集中營裡的生活就是戰爭，他不放縱自己，他從未浪費時間在追究或同情自己和別人上，打從第一天開始他便投入戰場。智慧和本能支持著他：他思考正確，往往不經思考卻仍然是正確的。他能飛快地了解一切：他只懂一點法語，卻能聽懂德國人和波蘭人跟他說什麼。他以義大利語和手勢回答，讓人明白他的意思，並立刻贏得他人的好感。他為他的生命奮力搏鬥，卻又是所有人的朋友。該賄賂誰，該迴避誰，該博取誰的同情心，該抵制誰，他都「一清二楚」。

儘管如此，他並沒有變成一個奸險小人（由於他具有這種美德，至今我想起他仍備感溫馨，彷彿他就在我身邊）。在他身上，我總是看見，如今也仍然看見，一位溫和的強者，這是人類間罕見的，暗地裡的陷害攻擊絲毫傷不了他。

但我沒有成功爭取到和他同睡一個床鋪，阿爾貝托也沒能如願，儘管他在第四十五號排房已享有頗高的聲望。很遺憾，因為有一個能信得過或至少可以彼此理解的同床伙伴是種難以估量的優勢；此外已經冬天了，漫漫長夜裡，由於我們被迫跟某個人蓋同一條被子，在七十公分的寬度中彼此分享汗水、體味和體溫，對方若是個朋友，那可就求之不得了。

冬天的夜晚很漫長，我們被允許擁有相當長的睡眠時間。

排房裡的騷動漸漸平息；晚飯分發結束後已過了一個多小時，只剩幾個人還固執地刮著湯碗光溜溜的底部，在燈光底下仔細地轉動著碗，專注地皺著眉頭。卡爾多斯工程師在床舖間四處走動，為受傷的腳和化膿的藕子上藥，這是他的生意；一整天下來，每走一步腳就要出血，為了能夠緩解這種爛瘡所帶來的折磨，任誰都會心甘情願地放棄一片麵包片的，而卡爾多斯工程師便是以這種方式解決了生計的問題。

說唱藝人小心翼翼地環顧四周後，偷偷地從後面的小門溜了進來。他坐在瓦克斯曼的床舖上，立刻有一小群人聚集在他周圍，專注而安靜地聆聽著。他滔滔不絕地唱著一首意第緒語的史詩，老是唱同一首，一首押韻的四行詩，透露出一種聽天由命卻又痛徹心扉的憂傷（還是我之所以對它有此印象，是因為當時在那種環境聽到的緣故？）；從我所聽得懂的少少幾個詞來推斷，那想必是由他自己編寫的一首歌曲，集中營生活的細節都鉅細靡遺地被收錄在內。有人很慷慨，用一小撮菸草或一段棉線給他打賞；也有人全神貫注地聆聽，但沒給他什麼。

突然間響起了一陣吆喝，這是一天裡最後一項例行公事——Wer hat kaputt die Schuhe（誰的鞋破了）？頃刻間四五十個想要換鞋的人激起了一陣騷動，他們拚了老命般地衝向 Tagesräume，雖然他們心裡清楚得很，在最好的盤算下也只有頭十個抵達的人能如願以償。

然後是一片寂靜。燈光第一次熄滅，幾秒鐘的時間，為了通知裁縫們將珍貴的針和線歸位；接著遠方響起了鐘聲，這時值夜的守衛上崗了，燈火全都熄滅。我們只能脫衣就寢。

我不知道隔壁床的是誰；我甚至不確定那是否仍為同一人，因為除了在鬧鐘響起時之外，我從沒見過他的臉，而在那手忙腳亂的一瞬間我看見的多半是他的背和腳。他不在我的 Kommando 裡工作，只在宵禁時才回到床位；他把自己裹在被子裡，用消瘦的臀部將我擠向一旁，轉身背對我後就立刻打起呼來。背頂著背，我努力在草蓆上給自己爭取一塊合理的面積；我用腰逐漸地將他的腰頂回去，然後我轉身試著用膝蓋推他，我抓他的腳踝，試著將它們挪旁邊一點，以免他的腳靠在我的臉上，但這一切都徒勞無功，他比我重得多了，而且睡得跟石頭一樣沉。

於是我不得不如此將就地躺著，身體動彈不得，半個身子躺在木床的邊上。但我是如此的疲倦昏沉，於是不消一會兒我就進入夢鄉了，我感覺自己睡在鐵軌上。

火車即將抵達：聽得到火車頭的喘息聲，那其實是隔壁床的鼾聲。我還沒熟睡，因此能意識到火車頭的雙重性質。那正是今天拖著車廂到布納工廠讓我們進行卸貨的那台火車頭：我能認出它，是因為就像它從我們身邊駛過時那樣，現在我也感受到從它的黑色車身的一側所放射出來的熱氣。它吹著氣，越來越近，總好像正要開到我身上似的，卻總是到不了。我的睡眠很淺，像一層薄紗，要的話我隨時可以撕裂它。我會這樣做，我想要撕裂它，這樣一來我就可以擺脫鐵軌。是的，我按自己的意思這麼做了，現在我醒了；但並非完全清醒，只是稍稍清醒了一點，在無意識和意識間的階梯向上走了一階。我的眼睛是閉著的，而我不想睜開眼睛，以免失去睡意，但我聽得見各種聲響：我確信這遙遠的汽笛聲是真的，它並非來自我夢裡的火車頭，而是真實發出的聲響：那是窄軌輕便鐵路那裡的汽笛聲，來自夜間也在施工的工地。一個長而堅定的音，接著低了半音，然後又回到第一個音，但短促並突然中斷了。這個汽笛聲非常重要，在某種程度上是不可或缺的：我們如此頻繁地聽見它，它與勞動和集中營的痛苦密不可分，而成了它們的象徵，就好像某些特定的音樂或氣味似地能直接喚醒歷歷往事。

這裡有我的妹妹，某幾個我不確定是誰的朋友，還有其他很多人。每個人都在聽我說話，而我敘述的是：由三個音所構成的汽笛聲，硬梆梆的床，我想要推開卻又害怕弄醒他的鄰床，因為他比我強壯。我也大致上敘述了我們的飢餓，也提到檢查蝨子的事，以及那個打傷了我的鼻子，後來看到我流血又叫我去洗乾淨的 Kapo。我待在自己的家裡，在親朋好友間，有那麼多事要說，那是種激烈、生理上、無法言喻的享受：但我無法不注意到我的聽眾沒在聽我說話。事實上，他們根本漠不關心：他們七嘴八舌地彼此說著別的，彷彿我根本不在場。我的妹妹看了我一眼，站起身，一語不發地走開了。

於是一種淒涼的痛在我內心升起，就像幼兒期所受的痛苦隱約被憶起一樣：那是純粹的痛苦，未經現實世界的磨練並且未受外在環境的干擾，與那些令孩子們為之哭泣的痛苦相似；而對我來說，最好再次浮上意識表層，但是這次我特意睜開了眼睛，以確保自己確實醒了。

夢境彷彿還在眼前，散發著餘溫，而雖然我人已經醒了，卻仍滿腔悲痛：於是我想起這不是一個普通的夢，因為自從我來到這裡，已經不止一次，而是做過很多次這樣的夢，只有場景和細節略有變化。現在我已經完全清醒，我還記得自己曾向阿爾貝托敘述過這個夢，而令我意想不到的是他向我表示，這也是他的夢，是其他許多人的夢，或許是所有人的夢。為什麼會這樣？為什麼日常的痛苦會如此常態性地化為我們的夢境，再三上演我們口口聲聲卻無人聆聽的場景呢？

……當我如此沉思，我嘗試趁著這個清醒的片刻甩開幾分半夢半醒時的悲痛，以免破壞接下來的睡眠品質。我在黑暗中蜷曲著身子坐了起來，我環顧四周，豎起耳朵。

聽得見睡覺的人的呼吸聲和鼾聲，有人在呻吟，有人在囈語。許多人的嘴唇發出聲音，動著頷骨。他們夢見自己在吃飯：這是另一個集體的夢。這是個殘忍的夢，編造出坦塔羅斯❷的神話的人想必深諳此理。食物不僅看得見，還能用手鮮明而具體地觸摸，能聞到那濃郁而撲鼻的氣味；有人將食物拿到我們嘴邊，觸碰我們的嘴唇，然後每次都會被不同的狀況打斷，動作無法完成。於是夢境就會崩解，分解成各種元素，接著立刻又重組，以類似而相異的方式捲土重來：就這樣，每個夜裡，在整個睡眠的時間裡，這一切沒完沒了地發生在我們每個人身上。

想必已經過晚上十一點了，因為有絡繹不絕的人朝著守夜衛兵一旁的尿桶來回穿梭。那是一種下流的折磨，無可抹滅的恥辱：每隔兩、三個小時我們就得起床，以排泄白天時我們不得不攝取的大量水分，那是我們為了充飢所喝下的湯；就是那些水分在晚上導致腳踝腫脹和眼袋，使所有人的身體以同樣的方式變得畸形怪狀，而腎臟得筋疲力竭地工作才能代謝那些水分。

這不僅僅是個尿桶遊行的儀式：按照規定，最後一個把尿桶撒滿的人得把它拿去公廁倒光；另一個規定是，除非穿著夜間的制服（襯衫和襯褲），並把自己的編號出示給守衛看，夜裡就不得從棚屋出來。可想而知，值夜班的守衛當然會設法讓他的朋友、同

❷ 譯者注：在希臘神話裡，坦塔羅斯烹殺了自己的兒子並以此設宴款待眾神，以考驗眾神是否知曉一切，因而被宙斯打入冥界。他頭上有果樹，肚子餓想吃果子時，卻摘不到果子，永遠忍受飢渴的折磨。

胞和特權分子免於這份差事；此外較早進入集中營的前輩們已經發展出敏銳的感官，就算他們還躺在床鋪上，光聽尿撒在桶壁的聲音，便能奇蹟般地分辨尿桶裡的尿量是否已經達到危險的臨界點，因此他們幾乎總能逃過傾倒尿桶的差事。於是，每個棚屋裡，輪到要傾倒尿桶的候選人人數相當有限，而要倒掉的總尿量至少有兩百公升，換言之尿桶得倒空二十次左右。

總而言之，我們這些沒有經驗、沒有特權的人每晚因為生理需求，不得不前往尿桶時都得冒著相當大的風險。突然間，值夜班的守衛從角落裡冒出來，一把抓住我們，胡亂記下我們的編號，將一雙木底鞋和尿桶交給我們，便將我們攆出去，讓睡眼惺忪的我們在冰天雪地裡發抖。我們被迫拖著腳步走到公廁，尿桶仍散發著令人作噁的熱氣，不時撞到我們赤裸的小腿肚；它已經滿到超出任何合理的限度，而不可避免地，隨著每一次的碰撞，難免會外溢濺到我們的腳上，因此，儘管這份差事如此令人厭惡，我們寧願自己被指派去做它，也不願讓它落到鄰床室友的頭上。

我們的夜晚就是這樣熬過的。有關坦塔羅斯、以及說故事但沒人在聽的夢，交織融入一連串較為模糊的影像中：白天所承受的飢餓、毆打、寒冷、勞累、恐懼和雜處等折磨，在夜裡幻化為不可名狀的噩夢，充斥著駭人聽聞的暴力，那種作為自由人，只有在發燒的夜晚才會夢到的種種。每時每刻，只要感覺聽見有人怒氣沖沖地大吼，用一種無法聽懂的語言發出命令，我們就會驚醒過來，渾身冰涼，四肢發顫。尿桶遊行的儀式以及赤裸的腳後跟踩在木頭地板的聲響，幻化為另一種象徵性的遊行：那是我們，灰濛濛的，彼此一模一樣，渺小如螻蟻，浩大如繁星，我們密密麻麻地擠在一起，不計其數地布滿了整個平原，一直延伸到天際；有時我們融合為一種單一的物質，感覺自己被揉進一個密不透風的麵團裡；有時我們兜著圈子繞行，無始無終，頭暈目眩，一股噁心猛地從胸口湧上喉嚨；就這樣，直到飢寒交迫或脹尿的膀胱將夢境導向習以為常的情境中。當我們被噩夢或身體上的不適弄醒時，我們徒勞無功地設法將其元素一一理清，將它們一一趕出當下的注意力範圍，以免它們侵入睡眠：一旦眼睛再次闔上，這時我們便會察覺到我們的大腦再次脫離我們的意志的掌控而自動運轉；轟隆作響，無法停歇，製造出魑魅魍魎和駭人的印記，並且不停地將它們描繪在夢境的螢幕上，搖晃成一片灰霧。

沉睡、失眠和噩夢徹夜更迭的同時，我們懷著對於起床時刻的期待與畏懼：儘管沒有鐘錶，我們當中有許多人具有一種神祕力量，並能藉此十分精準地預測起床鐘響的時刻。起床鐘響的時辰隨著季節不同而有所變化，但總在黎明之前。營地鐘聲迴響的時間很長，這時，每個棚屋的值夜守衛下崗：他打開燈，站起身來，伸展四肢，並發出這個日常的審判——Aufstehen[3]，而更常見的是，他以波蘭語說——Wstawać[4]。

很少人能一邊睡覺一邊等待起床：那是一個太過於痛苦的時刻，當那一刻逐漸接近，再深沉的睡眠也會消融無蹤。值夜的守衛知道這一點，這就是為什麼他不用命令的口氣，而是用平緩而低沉的聲音，就好像他確知所有人都會豎著耳朵聆聽，確知指令將被聽見並服從。

這個異國詞語就像一塊石頭般落入所有人的靈魂深淵。「起床」：溫暖的被子只是一道虛幻屏障，睡眠只是薄弱的裝甲，在一整夜跌跌撞撞的暫時逃脫後，一切分崩離析散落在我們四周，我們發現自己無可奈何地再次甦醒，暴露在凌辱中，殘忍地被迫赤裸著身子，脆弱無助。一天，如同每一天那樣再次展開，它是如此的漫長，令人無法以理智推想出它結束的一刻，極度的寒冷、極度的飢餓、極度的勞累將我們與那一刻隔開：我們最好還是把注意力和慾望集中在那一小塊發灰的麵包上，它很小，但一小時過後，在我們將它吞下之前，有五分鐘的時間，它肯定屬於我們，這就是此處的法律允許我們擁有的一切。

起床號令一聲令下，又是一陣兵荒馬亂。整個排房瞬間一片匆忙：所有人爬上爬下，一邊整理好床鋪，一邊穿衣，同時得看好自己所有的家當；空氣裡充滿了塵埃，看上去一片混濁；手腳最敏捷的人用手肘推開人群闢路，趁大排長龍之前抵達浴室和公廁。清潔工緊接著入場，他們又打又叫地將所有人都趕了出去。

整理好床鋪並穿好衣服後，我下到地上，套上鞋子。這時，我腳上的瘡就又裂開了，新的一天再次展開。

❸ 德語，意為「起床」。

❹ 波蘭語，意為「起床」。

在雷斯尼克之前，和我睡同個床鋪的是一個波蘭人，沒有人知道他的名字。他性情溫和，沉默寡言，脛骨上有兩處舊傷，夜裡散發出一種病態嚴重的腐臭味；他的膀胱也很虛弱，因此每晚他會醒來個八到十次，同時也將我弄醒。一天晚上，他將手套託付給我，就入院去了。我一度希望軍需官忘了只剩我一人獨占床位，但半小時後，當宵禁的鈴聲響起，床鋪震動了幾下，一個高頭大馬、紅髮，帶著法國人的編號的傢伙爬上來睡到我身旁。

與一個身材高大的伙伴同睡一床是件慘事，等於少睡好幾個小時；偏偏我總是碰上高大的伙伴，因為我身材矮小，兩個高個子不能睡一起。儘管如此，我很快就發現雷斯尼克顯然不算是個糟糕的伙伴。他很少說話，而且很有禮貌，很乾淨，不打呼，每晚只起來兩三次，而且總是輕手輕腳的。早晨他主動提出由他整理床鋪（這是一項複雜又艱難的操作，而且還涉及相當大的責任，因為那些沒把床整理好的人，所謂的 schlechte Bettenbauer❶，一律將遭到處罰），而他卻做得又快又好；以致後來我在點名廣場上看到他被納入了我的 Kommando 時，心裡竊喜了一下。

當我們踩著厚重的木屐，搖搖晃晃地步行前往勞動時，我們交談了幾句，我才知道雷斯尼克是波蘭人；他在巴黎生活了二十年，但說著一口令人無法置信的法語。他三十歲，但就像我們所有人一樣，可以被認作十七到五十歲間的任何年紀。他向我訴說了他的故事，如今我已經忘了，但那肯定是一個充滿傷痛、殘忍的動人故事；因為我們的故事全都如此，成千上萬的故事，彼此不同，卻都充滿了悲慘而驚人的必然性。晚上我們相互講述著自己的故事，故事發生在挪威、義大利、阿爾及利亞、烏克蘭，與聖經故事一樣都是些簡單而令人感到費解的故事。話說回來，這不也是一部新的聖經故事嗎？

當我們抵達工地時，他們將我們帶到了 Eisenröhreplatz❷，用來卸放鐵管的一大塊平地，然後每天的例行公事再度展開。Kapo 又點了一次名，迅速地記錄了新來的人，

❶ 德語，表示「沒把床整理好的人」。
❷ 德語，表示「用來卸放鐵管的平地」。

與工頭談妥了今天的工作。接著他將我們託付給了 Vorarbeiter ❸，就去工具間裡挨著火爐睡覺了；這是一個不找麻煩的 Kapo，因為他不是猶太人，不怕失去他的職位。Vorarbeiter 將鐵桿分發給我們，並將千斤頂分派給他的朋友；為了爭取到較輕的鐵桿，一如往常地發生了一點爭執，今天我運氣不好，拿到了彎曲的鐵桿，它大概有十五公斤左右；我知道就算只抬著它，不用半小時，我也會活活累死。

接著我們走開，每個人抬著自己的槓桿，在融雪中跋行。每走一步，都會有些許融雪和爛泥沾在我們的木製鞋底上，到後來我們每個人都踩在兩坨沉重、不成形、甩也甩不開的泥雪上，東倒西歪地走著；突然間，一團泥雪脫落了，一條腿彷彿比另一條腿矮了一個巴掌。

今天我們必須從貨車上卸下一個巨大的鑄鐵氣缸：我想那是一根合成的管子，應該有好幾噸重。對我們來說這樣更好，因為眾所皆知：卸大型重物比小型重物來得省力；的確如此，由於工作可以分攤給較多人，也會被允許使用適當的工具；但我們得承擔風險，不能有半點分心，一不當心，就可能被壓得粉身碎骨。

諾加拉師傅，親自監督卸貨的操作，這位波蘭籍的監工頭為人刻板嚴肅，沉默寡言。現在氣缸躺在地上，諾加拉師傅說——Bohlen holen。

我們的心彷彿被掏空。這句話的意思是「把枕木給抬過來」，在鬆軟的爛泥上建造一條路，再用槓桿一路將氣缸推入工廠。但枕木嵌在土裡，每根重達八十公斤；幾乎挑戰我們力氣的極限。我們當中最健壯的人，可以兩人一組地搬運枕木幾個小時；對我來說，這是一種酷刑，沉重的負荷將我的肩胛骨壓得變形，抬了第一趟以後，因為過度使力，我的耳朵聽不見，眼睛也幾乎看不到，我得要些手段，以跳過第二趟。

我會試著與雷斯尼克搭檔，他似乎是一個幹活的好手，另外，由於他身材高大，將承受大部分的重量。想當然耳雷斯尼克會鄙夷地拒絕我，並另外找個強壯的人作為搭檔；那樣的話，我就會提出要去公廁，在那兒待越久越好，然後我會設法躲藏，即使我會立即被尋獲，遭到恥笑和毆打；但這一切都比那項勞動好過。

但事情並非如此：雷斯尼克不但接受了我的提議，還獨力扛起枕木，小心翼翼地將它靠在我的右肩上；然後他抬起另一端，把它夾在左肩下，然後我們就出發了。

枕木上頭沾著泥和雪，每走一步都會撞到我的耳朵，積雪因而滑落到我的脖子上。走了大約五十步過後，我到了人們習慣稱為正常承受範圍的極限：我的膝蓋彎曲，肩膀彷彿被緊緊咬住一般疼痛不堪，身體搖搖欲墜。每走一步，我感覺貪婪的爛泥吸住了鞋子，這種波蘭的爛泥無所不在，這種日復一日的困境充滿了我們的每一天。

❸ 德語，表示「勞動隊長」。

我用力地咬住嘴唇：我們都知道，外力所導致的少許疼痛能刺激我們調動非常時期的儲備能量。**Kapo** 也知道這一點：他們有些人之所以毆打我們，純粹是出於獸性和暴力，但也有另一些會在我們搬運重物時，幾乎可說是出於友善地毆打我們，伴隨著敦促和鼓舞，就如同鞭笞溫馴的馬匹一樣。

來到汽缸邊，我們將枕木卸放在地，我直挺挺地杵在那兒，兩眼空洞，張著嘴，垂著雙臂，沉浸在疼痛被抽離後那稍縱即逝的狂喜當中。過度勞累使我意識朦朧，我等著有人用力推我一把，強迫我再次上工，我試圖利用等待時的每秒鐘，以恢復一些體力。

但沒人推我：雷斯尼克碰了碰我的手肘，我們設法以最慢的速度地回去搬枕木。其他人也成雙成對地在那兒遊蕩，趁著下一趟的搬運之前盡可能地逗留久一些。

——**Allons, petit, attrape** [4]，這根枕木比較乾燥，稍稍輕了一些，不過抬完第二趟之後，我去見 **Vorarbeiter**，要求上廁所。

我們的公廁相當遠，這是個優勢；這樣一來，每天有一次較長的時間，我們得以離開工地，此外，因為禁止單獨去上廁所，所以小隊裡最虛弱和笨拙的瓦克斯曼被指派擔任 **Scheissbegleiter**，廁陪；獲得了這個任命，瓦克斯曼就要對我們可能逃跑的企圖負責（好一個可笑的假設！），說實在一點，他其實是要為我們的遲歸負責。

由於我的請求被接受了，我就在弱小的瓦克斯曼的護送之下，踏上爛泥和灰色的雪地，穿越滿地的破銅爛鐵，出發了。我跟他無法溝通，因為我們沒有任何共通的語言；但他的同伴向我說過，他是一個拉比，更確切的來說，他其實是一個老師，研究摩西律法的學者；此外在他的家鄉，在加利西亞，他還是為名聞遐邇的療癒師和魔法師。我並不懷疑這一點，只要想想他這麼脆弱而溫和的一個人，兩年來在這裡工作都沒有生病喪命，相反地，他的目光和言語自在綻放出一種驚人的活力，晚上他與門迪，一個現代派的拉比，促膝長談，以意第緒語和希伯來語各說各話地討論有關《塔木德》經裡的議題。

廁所是一處寧靜的綠洲。這是一個臨時搭建的廁所，德國人還沒弄到慣用的隔間木板，將各個空間隔開：有 **Nur für Engländer** ❺、**Nur für Polen** ❻、**Nur für Ukrainische Frauen** ❼ 等等，再過去一點則是 **Nur für Häftlinge** ❽。裡面，有四個臉頰凹陷的囚犯肩並肩地坐著；一個留著絡腮鬍的蘇聯老工人，他的左臂上圍著一條標示有藍色 OST 的袖

❹ 法語，意為「走吧，小伙子，上工吧」。

❺ 德語，意為「英國人專用」。

❻ 德語，意為「波蘭人專用」。

❼ 德語，意為「烏克蘭婦女專用」。

❽ 德語，意為「囚犯專用」。

帶；一個波蘭的小夥子，他的胸部和背部上頭寫著一個偌大白色的P；一個英國戰犯，刮得乾乾淨淨的臉頰透著紅潤的色澤，身著一套燙過、乾淨而整潔的卡其制服，此外他的背上有個大大的KG（Kriegsgefangener）戰俘標誌。第五個囚犯守在門口，不厭其煩地向每一個解開褲帶進廁所的人詢問——Etes-vous français[9]？

返回工地的路上，我看見運送食物的卡車，換言之現在已經十點了，這是一個可敬的時刻，因為午休時間已於遙遠的未來裡隱約成形，而我們可以開始從期待中汲取能量。

我又跟雷斯尼克進行兩三趟搬運，細心尋找較輕的枕木，哪怕是要走到較遠的枕木堆。但如今最好的那些枕木都被抬走了，只剩下那些最令人避之唯恐不及的枕木，它們帶有尖銳的稜角，上頭結著厚重的泥和冰，還釘著用來安在鐵軌上的金屬板。

弗朗茨來找瓦克斯曼陪他一起去領餐，代表已經十一點了，上午幾乎過了，而沒人在想下午的事。接著，十一點半的時候，被派去領餐的人回來了，然後是例行公事的問話，今天有多少湯、品質如何、我們分到了湯鍋表層還是底部的部分；這類的問題，我盡可能地不去問，但我仍禁不住豎起耳朵，貪心地竊聽答案，並用鼻子嗅著由廚房那裡隨著風飄散而來的氣味。

最後，如同劃過天際的一顆流星，一種超然而非凡的神聖徵兆，中午的鈴聲響起，撫慰了我們的疲憊，和我們不分彼此而共有的飢餓。例行的一切再度重演：所有人都奔向棚屋，緊抓著湯碗排好隊，所有人都像野獸般迫切地想將溫熱的湯灌注到肚腹深處，但誰也不想排在第一個，因為第一個人分到的是最稀的湯水。一如往常，Kapo 譏笑並羞辱我們的狼吞虎嚥，而他很小心地不去攪拌大鍋，因為眾所皆知，最底下的菜湯是歸他的。接著，至高無上的幸福（一種發自肚腹的正向感受）降臨了，我們圍在棚屋裡劈啪作響的火爐邊，享受肚子裡的暖意與舒展。抽菸的人用貪婪而虔誠的手法為自己捲根細菸，大家的衣服都沾滿了泥與雪，在火爐那熊熊的烈焰邊，煙霧瀰漫，發出狗窩和牲口似的氣味。

誰都不說話，這是個默契：在一分鐘之內，所有人都睡著了，肘倚著肘，時而突然向前倒下，猛地挺背再度坐直起來。在半閉半開的眼瞼後面，氣勢洶洶的夢排山倒海而來，仍是些我們經常會做的夢。我們夢見自己回到家中，愜意地洗著熱水澡。夢見自己坐在家裡的飯桌邊。夢見自己在家裡，訴說著那令我們意志消沉的勞動、常態的飢餓、我們那奴隸式的睡眠。

然後，混濁地消化我們製造出的廢氣，某種痛苦的核心凝結而成，給我們帶來一陣刺痛，疼痛不斷增長，最後跨越意識的門檻，剝奪了我們睡眠的樂趣。Es wird bald ein

❾ 法語，意為「您是法國人嗎」。

Uhr sein ❿：將近一點了。那彷彿某種快速吞噬一切的癌，消滅了我們的睡眠，憂懼緊緊地掐著我們：我們側耳傾聽外頭呼嘯的風聲，以及冰雪拍打在玻璃上的沙沙聲，es wird schnell ein Uhr sein ⓫。所有人都緊緊地抓住睡意，不想失去它，所有的感官都繃得緊緊的，恐懼地等待即將來臨的信號，它在門外，它就在這裡……

信號來了。玻璃上一聲巨響，諾加拉師傅朝小窗丟了一個雪球，現在，他僵硬地站在外面，手裡拿著錶，錶面朝著我們。Kapo 站起身來，伸了伸懶腰，接著以一種全然不疑有人會抗命的口吻低聲宣布：Alles heraus，所有人都出去。

如果能哭該有多好！多麼希望能像從前那樣旗鼓相當地迎戰寒風，而不是像現在這樣，像隻沒有靈魂的蟲子般瑟縮蠕動！

我們來到外面，每個人都重新扛起自己的槓桿。雷斯尼克把腦袋縮在肩膀間，將帽子蓋在耳朵上，抬頭凝望那從低壓壓而灰撲撲的天空紛飛而來的大雪：Si j'avey une chien, je ne le chasse pas dehors ⓬。

❿ 德語，意為「將近一點了」。

⓫ 德語，意為「快要一點了」。

⓬ 法語，意為「要是我有養狗，這種天氣我是不會將牠趕到戶外的」。

美好的一天

深信生命有個目的，此種信念根植在人類的每條纖維裡，是一種存在於人類本質中的特性。自由人給這個目的取了許多名字，關於其本質人們進行了許多思考與討論：但是對於我們而言，這是個相對簡單的問題。

今天，此時此刻，我們的目的是能活到春天。至於別的，現在我們無暇顧及。當下，在這個目標的背後，並沒有另一個目標。早晨，當我們在點名廣場上排隊，沒完沒了地等待出發前往勞動時，每一陣風鑽進衣服底下，我們那不敵寒冷的身子就瘋狂地抖個不停，而四周一片灰濛濛的，我們也形同槁木死灰；早晨，天還沒亮時，大家端詳東方的天空，窺伺是否有季節變暖的初步徵兆，每天的日出都是我們評論的對象：今天，太陽起得比較早；今天比昨天來得暖和；兩個月內，一個月內，寒冷將向我們宣告停戰，我們就會少了個敵人。

今天，太陽頭一次如此鮮活清晰地在泥濘的地平線的彼方升起。是波蘭這兒慘白而遙遠的太陽，只能溫暖表皮，但是當它衝破最後的薄霧而綻放光芒時，我們這群晦暗無色的人之間響起一陣低語，而當我也透過衣服感受到陽光的溫暖時，我領悟到人為何崇拜太陽。

——Das Schlimmste ist vorüber ❶，齊格勒說，在陽光下伸展著他那瘦骨嶙峋的肩膀：最糟已經過去了。我們身旁的是一群希臘人，這些既令人欽佩又畏懼的塞薩洛尼基猶太人，頑強、賊頭賊腦、明智、凶悍，卻又那麼團結一致，他們是那麼執意地要活下去，在你死我活的生存鬥爭裡是這麼的無情；那些希臘人在廚房和工地裡雄霸一方，德國人也得敬他們三分，連波蘭人都畏懼他們。他們進到營裡已經三年，沒有人比他們更清楚何謂集中營；現在他們緊緊地圍成一圈，肩並肩，無窮無盡地唱著一首他們的小調。

希臘人朏力丘認識我——L'année prochaine à la maison! ❷，他朝著我喊，接著又補了一句——... à la maison par la Cheminée! ❸，朏力丘待過比克瑙集中營。他繼續唱歌，腳打著拍子，陶醉在歌曲當中。

❶ 法語，意為「明年就要回家了」。

❷ 法語，意為「通過煙囪回家！」。

❸ 德語，依序分別代表「猶太集中營」、「滅絕營」、「納粹集中營」。

當我們終於走出營地的大門時，太陽已經升得相當高，天空很晴朗。中午時看得見山；西邊是奧斯維辛鐘樓（這裡竟然會有鐘樓！）那熟悉而不協調的存在，四周布滿了防空氣球。布納工廠的煙在冷空氣中滯留，還看得見一排被綠色森林所覆蓋的低矮丘陵：我們的心揪了一下，因為大家都知道那裡就是比克瑙，我們的女人就是被送到那裡去了，很快地我們也會淪落到那裡，但我們並不習慣看見它。

我們頭一次注意到，道路兩旁的草坪也是綠色的：因為如果沒出太陽，草坪看起來便彷彿不是綠色的。

布納工廠不是綠色的：布納工廠在本質上是一種無望的灰與暗。無止無盡的鐵、水泥、泥土和煙塵交織為美的相反。這裡的街道和建築物跟我們一樣以編號和字母命名，或用些怪異而邪門的名字來命名。圍欄裡寸草不生，土地浸滿了煤和石油的毒液，這裡除了機器和奴隸外沒任何有生命力的東西：而機器的生命力高於奴隸的。

布納工廠像一座城市那麼大；除了德籍的主管和技術人員之外，有四萬名外國人在此工作，他們用十五或二十種語言說話。所有外國人居住在各個集中營裡：英國戰俘集中營、烏克蘭婦女集中營、法國志願者集中營，以及我們不認識的其他集中營。我們的集中營（Judenlager、Vernichtungslager、Kazett）[4]獨力提供了來自歐洲各國的一萬份勞動力；我們是奴隸中的奴隸，人人都可以對我們頤指氣使，而刺在手臂和縫在胸前的號碼就是我們的姓名。

碳化塔矗立在布納工廠的中央，塔頂往往為霧靄所遮蔽而難得一見，是我們所建造的。用來造塔的磚頭被稱為Ziegel、briques、tegula、cegli、Kamenny、bricks、téglak❺，而它是用仇恨砌起來的。就像巴別塔一樣，是用仇恨和紛爭砌成的，所以我們稱它為Babelturm、Bobelturm❻；我們憎恨我們的主人瘋狂地透過它所追求的宏大的夢想；我們痛恨他們那樣蔑視上帝，蔑視人類，蔑視我們這種人類。

而如今，就像在古老的寓言裡那樣，我們大家都有此感覺，就連德國人自己也都有此感覺，即有種詛咒籠罩在這座狂妄的工廠上，那不是什麼超然而神聖的詛咒，而是建基於歷史之上的詛咒，一個建基於混亂的語言上、建造來褻瀆上天的龐大結構，而它堅不可摧，彷若磐石。

正像我們後來所說的，有關德國人張羅了四年的布納工廠，在那裡我們經歷了無數

❹ 德語，依序分別代表「猶太集中營」、「滅絕營」、「納粹集中營」。

❺ 德語、法語、拉丁語、波蘭語、捷克語、英語、匈牙利語，意為「磚頭」。

❻ 德語，意為「巴別塔」。

苦難，許多人因此喪命，卻連一公斤的合成橡膠也從未生產過。

但今天，恆久存在的水坑上漂浮著一層石油，反射出晴朗的天空。仍被夜晚的霜凍所覆蓋的管子、枕木、鍋爐都滴著露水。從坑裡挖出的泥土、成堆的煤炭、一塊塊的水泥，在薄霧中散發著冬日的濕氣。

今天是美好的一天。我們環顧四周，彷彿重見光明的盲人，彼此注視著對方。我們從未在陽光下見過彼此：有人微笑了。要是肚子不餓就好了！

因為這是人的本性，同時承受的煎熬和痛苦在我們的感覺中不會相加，而是按照一種明確的透視法彼此遮蔽，較小的被較大的遮蔽。這是上天的旨意，以讓我們在集中營裡能夠活下去。基於同樣的理由，在自由的人生裡，我們往往聽見一種說法，即人是不知滿足的，但與其說人沒有達到絕對幸福的能力，不如說人對於不幸狀態的複雜本質總是認識不全，因而人只能給其多樣化而結構分明的原因冠上一個名目，稱之為主因；等到主因不復存在，這時人們才會痛苦地驚覺到主因的後面還有其他原因，而事實上帶來痛苦的還有一系列別的原因。

因此，整個冬季裡被我們視為唯一勁敵的寒冷一旦結束，我們便意識到自己的飢餓；於是，今天我們重蹈覆轍地說：「要是肚子不餓就好了……」。

但我們哪可能不覺得餓？集中營就是飢餓：我們本身就是飢餓，活生生的飢餓。

道路的另一側有台挖土機在施工。懸掛在纜線上的抓斗張著帶齒的頷，微微晃動著，彷彿猶豫不決難以抉擇，接著它猛地撲向鬆軟的黏土，貪婪地撕咬著，這時駕駛艙彷彿心滿意足地噴出一抹白色的濃煙。接著它升起來，轉了半圈，往後吐出沉重的泥土，然後又重新開始。

我們拄著鏟子，陶醉地望著這一切。抓斗每啃一口，我們的嘴便微微張開，喉結上下舞動，在鬆垮的皮膚下不堪地惹人注目。我們無法將目光從大快朵頤的挖土機挪開。

錫吉十七歲，他比誰都餓，雖然他每晚都會從也許算不上漠不關心的保護人那兒多分到少許菜湯。他從位於維也納的家和母親開始談起，但隨後轉而談論食物，於是現在他沒完沒了地講著什麼婚宴午餐，發自內心地為自己沒有吃完第三道菜的豆湯深感遺憾。所有人都要他閉嘴，然而不消十分鐘，貝拉講起他匈牙利的鄉下和玉米田，以及一道製作甜玉米糕的食譜，玉米粉先烤過，加上豬油和香料，這個那個的，接著他遭到大家的咒罵與斥責，然後第三個人又講了起來……

我們的肉體多麼脆弱啊！我充分意識到這些餓肚子時的遐想有多麼徒勞無功，但我也無法免於這個通病，我的眼前飄過我們——萬妲、盧琪亞娜、佛朗哥和我——剛剛煮好的乾麵，當時我們還在義大利的臨時難民營，突然傳來隔天我們就要來到這裡的消息；當時我們正在吃麵（它是如此的美味，黃黃的，口感彈牙），而我們停下來不吃了，我們這幾個愚不可及的蠢蛋，唉，早知道！要是有下次……這真是個荒唐的念頭；如果世界上有什麼確定的事，那便是：不會有下次。

最後一個抵達的皮歇爾從口袋裡掏出一捆東西，是特別細心的匈牙利式包裝，裡頭有半份麵包：是今早發派的麵包的一半。眾所周知，只有編號數字很大的才有辦法在口袋裡窩藏麵包；我們資歷老的都無法將麵包放超過一小時的時間不吃。流傳著用來為我們的無能辯護的各種理論：一次只吃少量麵包是無法完全吸收麵包的；為了保存麵包必須嚴加戒備，神經緊張，餓著肚子又不去動它是有害的，且極度傷身；硬掉的麵包會迅速喪失營養價值，因此越早吞下就越營養；阿爾貝托說，飢餓配上口袋裡的麵包等於是正反相加，會自動相互抵銷，無法並存於同一個人身上；最後，大多數人說的沒錯，胃是防止竊盜和敲詐最安全的保險箱。**Moi, on m'a jamais volé mon pain!** ❼，大衛拍打著凹陷的腹部咆哮著 **sacré veinard, va!** ❽，但他無法將眼睛從皮歇爾身上移開，後者作為一個早上十點過後仍擁有半份口糧的「幸運者」，皮歇爾正慢條斯理地咀嚼著。

但今天之所以是快樂的一天，不僅僅是因為出了太陽：中午時一個意外的驚喜降臨在我們身上。除了早上的正常的份額之外，我們在棚屋裡又發現了一個驚人的大鍋，五十公升的容量幾乎裝滿了。坦普勒志得意滿地望著我們：這是他一手「安排」的傑作。

坦普勒是我們這個 Kommando 最有辦法的傢伙：他對於平民們喝的菜湯有一種絕

佳的敏感度，如同蜜蜂對於花朵。我們 Kapo 不算是個差勁的 Kapo，他任憑坦普勒放手去做，他這麼做有很好的理由：坦普勒是循著難以察覺的路線出去的，彷彿一頭獵犬，帶回了珍貴的消息，他說兩公里外的甲醇工廠的波蘭工人剩了四十公升的湯，因為湯在發臭，或說工廠廚房外的廢棄軌道上擱著一整車無人看管的蘿蔔。

今天有五十升，我們有十五個人，包括 Kapo 和 Vorarbeiter 在內。每人三升；除了正常的份額外，其中一升中午喝，至於另外兩升，下午時我們將輪流去棚屋裡喝，我們將特例獲准停工五分鐘去填飽肚子。

夫復何求？想到有兩公升濃稠的熱湯在棚屋裡等著我們，就連勞動也顯得分外輕鬆。每隔一陣子 Kapo 就會過來我們這兒叫喚——Wer hat noch zu fressen ❾？

他這麼說可不是在譏諷或調侃我們，而是因為我們確實是站著吃飯的，我們狼吞虎嚥，邊著嘴吧和喉嚨，沒時間喘氣，這便是 fressen ❿，如同畜牲般地進食，而不是

❼ 法語，意為「至於我，從沒有人能偷走我的麵包！」。
❽ 法語，意為「神聖的幸運兒！」。
❾ 德語，意為「還有誰沒吃」。
❿ 德語，意為「如動物般的狼吞虎嚥」。

essen[11]，如同人類那樣虔誠地坐在桌前「進食」。fressen 才是貼切的用語，是我們之間通用的詞語。

諾加拉師傅協助我們，對於我們缺勤的狀況睜隻眼閉隻眼。諾加拉師傅看起來也餓了，要不是顧慮到社會習俗的話，他或許不會婉拒喝我們一升的熱湯。

輪到坦普勒了，經所有人一致同意，他分到了五升撈自鍋底的湯。而坦普勒，除了是個極有辦法的傢伙，也是一個傑出的喝湯能手，而他有個獨門絕技，預料到有頓大餐可吃時，他可以憑著意志預先清空腸道：憑藉著這點，他有著驚人的食量。

他理所當然地對自己這項天賦感到自豪，包括諾加拉師傅在內，所有人都知道這一點。帶著大家對他的感激之情，大恩人坦普勒把自己關在廁所裡幾分鐘，之後他容光煥發、氣定神閒地走出來，並在眾人一片愛戴的目光下，起身去享受他的工作成果：

——Nu, Templer, hast du Platz genug für die Suppe gemacht? [12]

日落時分，宣布收工的汽笛聲響起；由於我們所有人都至少可以飽個幾個小時，所以沒有發生爭吵，我們感覺很好，Kapo 不會想要毆打我們，而我們可以思念我們的母親和我們的妻子，這是平時不會發生的。有幾個小時的時間，我們能像自由人那樣有本錢感到不快樂。

⓫ 德語，意為「進食」。

⓬ 德語，意為「你，坦普勒啊，你還有足夠的肚子喝湯嗎？」推測為 Du, Templer, hast du Platz genug für die Suppe gemacht?

善惡的此岸

當時的我們有種難以糾正的傾向，就是將每件事都看作一種象徵和一項徵兆。七十天以來我們一直期待著 Wäschetauschen，即「換襯衣儀式」，而早已有謠傳說替換的襯衣已短缺，因為前線的推進讓德國人無法將物資往奧斯維辛運送，「因此」解放已指日可待；與此同時，相反的解釋是，替換的襯衣遲遲不來，這意味著他們即將對集中營進行全面的消滅。但替換的襯衣終究還是送來了，一如既往，集中營的管理階層設法讓這一切發生得很突然，讓所有棚屋的人同步更換。

要知道，事實上集中營裡很缺布料，那是種寶貴的物資；而我們若想弄到用來擦鼻子或裹腳的布，唯一的辦法就是在替換新衣時從襯衫減下一塊布。如果是長袖的襯衫，就剪下袖子；如果不是，便湊合地從背面剪下一塊矩形，或者從無數塊補丁中拆下一塊。無論如何，需要一段時間才能弄到針和線，並且得動些手腳，以讓破損的地方在交還舊衣時不會太顯眼。骯髒破爛的內衣被匯集到集中營的裁縫室，在那裡經過粗劣的修補，接著送至蒸汽室消毒（而非水洗），然後再重新分發給大家；因此，為了保護舊衣物不受到上述所提及的毀損，就必須以迅雷不及掩耳的方式進行更換。

然而，就像平常那樣，沒什麼能逃過某些精明之人的法眼，這些人透視眼般地看穿駛出消毒室的卡車的帆布下所覆蓋的東西，就這樣在幾分鐘之內換襯衣儀式即將進行的消息傳遍了整個營地，此外這次的是些新襯衣，三天前由匈牙利人運送而來。

消息立刻引起迴響。所有以非法手段持有第二件襯衣的人——無論是偷來的還是透過門道弄來的，或者為了禦寒，或因為一時手頭較寬而做投資，老老實實地用麵包買來的——都衝往交易所，希望能在新襯衣大量湧入，導致他們的商品無可挽回地貶值之前，及時趕去用他們的備用衣物換取日常消耗品。

交易所總是很活絡。雖然每種交易（應該說是任何形式的擁有）都是明令禁止的，儘管 Kapo 或 Blockälteste 頻繁搜索，三不五時地進行驅趕，讓那些賣家、買家和看熱鬧的人一哄而散，然而，在集中營的東北角（正好位於距SS的棚屋最遠的角落），待小隊一收工回營，總會聚集起一群喧囂的人，夏季在戶外，冬季則在浴室裡。

有幾十個人遊蕩在此處，雙唇微微張開，兩眼閃閃發光，一群餓得發慌的人在本能的蒙騙之下來到此處，此處琳瑯滿目的商品讓他們的飢腸轆轆更顯尖銳，唾液的分泌更加旺盛。最好的狀況下，他們帶著從早辛辛苦苦省下的半塊微薄的麵包，奢望自己能遇上一個不懂當日行情的天真的傢伙，與他進行有利可圖的交易。他們當中的某些人帶著不知哪來的耐心，以半份麵包換取了一公升的湯，接著他們避到一旁，有條不紊地撈取沉在鍋底的馬鈴薯塊；完事之後，又把湯拿去換取麵包，接著又以麵包換取另一升有待處理的湯，就這樣，直到神經崩潰，或直到某個受害者讓他們人贓俱獲，狠狠地教訓他們一番，讓他們受到眾人的譏嘲為止。同屬此類的是那些來到交易所兜售他們唯一的襯衣的人；他們心裡很清楚，當 Kapo 發現他們外套下面什麼都沒穿會發生什麼事。Kapo 會問他們襯衣拿去做什麼了，這完全是個形式上的問句，一種用來進入正題的開場白。他們會回答說，襯衣在洗衣房裡被偷了；而這個答案是務實的，且不求有人會相信；事實上，就連集中營裡的石頭都知道，沒有襯衣的人十之八九是因為飢餓難耐而將它賣掉了，此外人必須對自己的襯衣負責，因為它屬於集中營。接著 Kapo 會毆打他們，並再發一件襯衣給他們，而他們遲早會故技重施。

交易所裡駐守著職業商人，每個人都窩在自己習慣的角落；首屈一指的便是希臘人，他們彷彿人面獅身像般一動也不動，沉默地蹲踞在地，待在羹湯碗後，那是他們勞動、籌措以及同鄉間團結一致的成果。如今希臘人所剩無幾，不過他們給集中營的結構及營內所流通的國際俚語帶來了可觀的貢獻。眾所周知的是，caravana 指的是湯碗，知道 la comedera es buena 的意思是湯是好喝的；用來表示竊盜的一般概念的詞語是盜竊 klepsi-klepsi，顯然源自於希臘文。這些塞薩洛尼基的少數猶太倖存者會說西班牙語和希臘與兩種語言，並從事多種活動，他們保有一種具體、踏實、心照不宣的智慧，集所有地中海區的文明傳統於一身。而這種智慧在集中營裡成了竊盜、偷襲貨車、壟斷交易所的各種交易等系統性且科學化的實踐，儘管如此，我們不該忘記他們對於無端殘暴的深惡痛絕，以及他們對於一種起碼是潛在的人性尊嚴可貴的認知，這一切使得希臘人成為集中營裡最為表裡如一且因此最為文明的國族。

你可以在交易所找到廚房竊盜的專家，外衣底下藏匿著神祕的凸起物。而湯的價格幾乎是恆定的（半份麵包能換一公升的湯），白蘿蔔、胡蘿蔔、馬鈴薯的報價則極其隨意，取決於眾多因素，其中包括值班看守倉庫的人是否勤快或是否接受賄賂。

那裡販售 **Mahorca**：**Mahorca** 是一種劣等的菸草，呈木質碎屑狀，在 **Kantine** ❶裡正式發售，五十克的小包裝，用布納工廠發放給最優秀的工人的「獎券」兌換。獎券不定期發放，發放量極少，並明顯不公平，以讓絕大部分的獎券，直接地或通過濫權的方式，最後都落入 **Kapo** 及特權分子的手中。然而，布納工廠的獎券作為貨幣在集中營的

❶ 德語，意為「販賣部」。

市場裡流通，其價值嚴格遵照古典經濟學的法則有所浮動。

有些時期裡，要用一份麵包才能換到一張獎券，有些時期則需要一又四分之一份或一又三分之一份的麵包，後來供應給販賣部的菸草量短缺，準備金變少了，貨幣價值於是大幅貶值，用四分之一塊麵包便可以換到一張獎券。後來又有一陣子價值回升，出於一個獨特的原因：女子排房的守衛換人了，換成一團健壯的波蘭女孩。確實如此，因為持獎券可以出入女子排房一次（這只適用於罪犯和政客，而不適用於猶太人，但話說回來，猶太人並不因此種限制而感到痛苦）。對此感興趣的人積極而迅速囤積獎券，獎券因此價值回升，但話說回來這個情形並沒有持續很久。

在一般的囚犯當中，找菸是為了給自己抽的人不多；大部分的菸草最後流入營地之外，流入布納工廠的平民勞工手裡。這是個相當普遍的 kombinacja ❷：囚犯設法省下一份麵包，將它投資在菸草上；他謹慎地與一位「愛好菸草」的平民保持聯絡，後者用現金——即高於原本所投入的麵包的份量——購買菸草。囚犯吃下價差，再次投資剩下的份額。這種投機買賣建立起集中營的內部經濟與外界的經濟之間的聯繫：當對克拉科夫平民的菸草供給偶爾短缺時，這件事便會跨越將我們與世人隔開的鐵絲網，立刻在營地發揮影響，導致了菸草的價值急劇上漲，而獎券的價值也隨之水漲船高。

以上所描述的僅僅是最簡略的概況，以下則是另一種較為複雜的情形。囚犯以菸草或麵包取得，或獲得某個平民贈予隨便一件噁心、破爛、骯髒的襯衣，只要那件襯衣中還有三個可以讓雙臂和腦袋穿過的開口即可。假使那件襯衣只有些磨損的痕跡，而沒有人為毀損的痕跡，在更換襯衣時，這樣的東西便可以被算作是襯衣，而有更換的權利；呈上那件衣服的人了不起只會因為沒有按照規定小心保存制服而挨一頓拳頭。

因此，在集中營裡，一件名副其實的襯衫和一塊佈滿補丁的破布之間並沒有太大的區別。上述囚犯不難找到一個擁有一件可以交易的襯衣，但礙於工作地點或語言能力或天生沒有生意頭腦，而與其他平民勞工沒有聯繫，從而無法拿襯衣來牟利的伙伴。這樣的伙伴滿足於以少量的麵包接受交換；確實如此，實際上下一個換襯衣儀式將會以某種方式重整，以全然隨機的方式區分襯衣的好壞。不過前面的那個囚犯可以在布納工廠走私好的襯衫，以四、六或十份麵包的價碼將它賣給前述的平民（或隨便其他一個人）。如此高的利潤反映出身著一件以上的襯衣出營或沒穿襯衣回營的人所冒的嚴重風險。

這個主題可衍生出許多話題。有些人毫不猶豫地取下假牙的鍍金，拿去布納工廠出售，換取麵包或菸草；不過這種交易更常透過中間人進行的。一個「大號碼的人」，即新人，他初來乍到但已飽受集中營的飢餓和極度緊張所折磨，價值不菲的假牙被一個

❷ 波蘭語，意為「裡應外合的計謀」。

「小號碼的人」注意到了；「小號碼的人」向「大號碼的人」以三四份麵包的代價，向他提出將假牙取下。如果「大號碼的人」接受了，「小號碼的人」就會交付麵包，將金子帶到布納工廠，而假使他與某位值得信賴的平民有交情，跟那人交易不必害怕遭到告密或受騙，那麼就絕對可以賺到十至二十份或更多份的麵包，他會以每天一份或兩份麵包的方式分次收到報償。就這方面，我們注意到，與布納工廠的情況相反的是，營地裡的最高交易額度是四份麵包，因為在這裡簽署信用合約，或保存更大份量的麵包而不受他人的貪婪和自己的飢餓所影響，是不可能的。

與平民間的交易是勞改營的一個特色，正如上面所見，這決定了集中營的經濟命脈。此外這也是集中營明文規定並被歸為「政治」犯罪的一種罪行；因此會受到特別嚴厲的懲罰。Handel mit Zivilisten（與平民百姓從事交易）罪證確鑿的囚犯，如果沒夠力的後台，就會被送到格萊維茨三號（Gleiwitz III）、亞尼那（Janina）、海德布雷克（Heidebreck）的煤礦坑；意思是在短短幾週內活活累死。此外與他同伙的平民勞工也可能被告發至相關的德國主管當局，被判處至集中營，淪落到與我們相同的處境，據我所知，刑期從兩個星期至八個月不等。獲得此種懲處的工人跟我們一樣得在入營時被剝光衣服，但他們的私人物品被保存在一個專用的倉庫裡。他們不用被刺青，也能保留住頭髮，這使得他們很容易被辨認出來，但在整個刑期裡他們被迫跟我們從事同樣的勞動，遵守同樣的紀律：他們被排除在淘汰制度之外。

他們在特殊的 Kommando 裡工作，與一般的囚犯沒有任何接觸。的確，對他們而言集中營是一種懲罰，假使他們沒有死於勞苦和疾病，便大有機會可以返回人間；假使他們能夠與我們交流，這等於是在那道隔離了我們，向世界宣告我們已死的牆上鑿了一個孔，讓自由人得以窺探圍繞在我們的處境四周的神祕謎團。相反的，對我們而言，集中營不是種懲罰；對我們而言，它是沒有終期的，集中營不過是我們在日耳曼的社會結構裡被分派到的一種沒有時限的存在方式。

我們的營地的某個部分便是分給那些平民勞工的，各個國籍的都有，他們因為與囚犯進行過不法共謀而被迫在此服刑，居留或長或短的時間。那部分的營地與其他部分用鐵絲網隔開，名為 E-Lager，裡面的囚犯則被稱為 E-Häftlinge。E 是德語 Erziehung 一詞的首個字母，意思是「教育」。

目前為止，我們所描述的所有謀劃都是有關於集中營物資的走私買賣。這就是為什麼 SS 如此嚴厲地取締這一切：我們的金牙本是他們的財產，因為，不論取自活人或死人，所有的一切遲早會落到他們手上。因此，他們自然會想方設法，不讓金子流出營地。

但對於營裡的竊盜行為，集中營的管理階層則絲毫不加防範。SS 對於反向的走私所表現出的普遍縱容態度便足以表明這一點。

有關於此，一般而言比較簡單。偷竊或窩藏某個我們每天因工作的關係會在布納工廠接觸到各種工具、器具、材料、產品等；晚上將東西帶入營裡，找到客戶，並用麵包或湯以物易物。此種交易極其頻繁：因為有某些物品，儘管它們是集中營裡日常生活的必需品，但從布納工廠偷來的卻是唯一經常性的供應。最典型的便是掃把、油漆、電線和鞋油。而最後這一項的交易值得拿來做為範例。

正如我們在別處提到過的那樣，營地法規規定每天早上必須給鞋子上油擦亮，每個 Blockältester 都得對 SS 負責，確保其棚屋的全體人員都遵守這個命令。因此人們可能會以為每個棚屋都會定期被配給鞋油，但事情並非如此：有另一種運作機制。先決條件是，每個棚屋晚上得收到一份比平常配給多出很多的湯，多出來的湯由 Blockältester 隨機分配，首先，他會保留用來送給他的朋友和親信的分量，其次則是用來犒賞棚屋的清潔人員、夜間的守衛、蝨子檢查員和棚屋其他所有的特權分子的分量。如果還有剩（每個 Blockältester 總是確保讓它有剩），那正是用來採購的。

其他的事就不言而喻了：那些在布納工廠工作的囚犯一抓到機會，就會用湯碗裝滿鞋油或機油（或其他物質：任何黑黑的、油油的物質都被視為符合需求的），晚上回到營地，他們就會挨門挨戶地在棚屋間走動，直到他們找到缺乏該項物資或有意囤貨的 Blockältester。而且，每個棚屋都有其經常合作的供應者，跟他商定好每日固定的報酬，要他在儲備的鞋油即將用盡之際及時提供鞋油。

每天晚上，總有一群供貨商耐心地駐守在 Tagesräume 的大門邊：他們在那裡站立好幾個小時，不論下雨或下雪，他們低聲而激烈地談論著有關價格變化和獎券價值的問題。每隔一段時間，便會有人突然離開，去交易所稍微晃晃，然後帶回最新的消息。

除了已經提到的那些之外，在布納工廠還能取得不計其數對排房有用，或者受到 Blockältester 青睞，或者能夠引起排房裡的特權分子的興趣或好奇心的物品。燈泡、刷子、普通的肥皂或刮鬍用的肥皂、銼刀、鉗子、布袋、釘子；可以出售甲醇，用來製做劣質飲料；可以販賣汽油，用來製做簡易的打火機，這些都是集中營地下工廠的工匠們所創造的奇蹟。

SS 高層和布納工廠的行政當局間暗中的對立，滋生出此種複雜的竊盜與反竊盜網絡，這當中，Ka-Be 發揮了首要功能。Ka-Be 是阻力最小的地方，最容易逃避規定、躲開隊長們的監視。大家都知道，將死者和被選中而得光著身子去比克瑙赴死的人的衣服和鞋子，低價賣回市場的正是護士們自己；正是護士和醫生將配給的磺胺類藥物出售給布納工廠的平民，以換取食品。

護士們還從湯匙的交易裡獲得巨大的收益。集中營不發湯匙給新來的人，儘管不用湯匙沒法喝半稀的湯。湯匙是在布納工廠任職於鐵匠和白鐵工的 Kommando 的囚犯忙裡偷閒暗地製作的：那些湯匙既粗糙又笨重，是用錘子捶打鐵板做出來的，握柄往往會很銳利，以同時作為切麵包用的小刀。製作者本人直接將它們賣給新來的：一把簡單的湯匙價值半份麵包，湯匙、小刀兩用的湯匙價值四分之三份麵包。而話說，按照規矩，湯匙可以帶進 Ka-Be，但不能帶出來。痊癒的人在獲准出院之後穿衣之前，湯匙就會被護士沒收，並被他們拿到交易所出售。加上死者和被選中送至毒氣室淘汰的人的湯匙，護士們每天都能出售五十來把湯匙，從中獲利。相反的，獲准出院的人則在一開始就面臨虧損，他們不得不省下半份麵包，以購買新的湯匙。

最後，Ka-Be 成了竊取自布納工廠的贓物的主顧和銷贓處：每天配給 Ka-Be 的湯足足有二十公升的份量被作為竊盜基金，用來向各種專家購買各式各樣的物品。有人竊取細的橡膠管，用來充當 Ka-Be 裡的灌腸器材和鼻胃管；有人來這裡兜售彩色鉛筆和墨水，因為 Ka-Be 會計處在進行複雜的會計工作時需要用到；而囚犯藏在口袋裡從布納工廠的倉庫夾帶出來的溫度計、玻璃器皿和化學試劑等都作為醫療物資在 Ka-Be 裡被使用。

我不想顯得驕傲自大，但我想補充一點，即偷竊乾燥部門的熱成像儀的捲筒方格紙，將它獻給 Ka-Be 的醫務長，並建議他拿它來作為脈搏——體溫圖表使用，這是阿爾貝托和我兩人的點子。

總而言之：會遭到布納工廠的平民管理階層懲處的布納工廠竊盜案，是受到SS的授權和鼓勵的；發生在集中營裡被SS嚴格管制的竊盜案則被平民視為正常的交易行為；囚犯間的竊盜行為通常會受到懲罰，但是小偷和受害者會受到同樣嚴厲的懲罰。

現在，我想請讀者稍作思索，試想一般用語裡所謂的「善」與「惡」、「公平」與「不公」在集中營裡究竟能有何意義；請每個人各自依照我所描述的境況、所舉的例子，思考一般世人所共有的道德規範在鐵絲網的這一側究竟有幾分足以殘存。

滅頂與生還

我們所談到和將要談論的這一切，就是集中營曖昧不明的生活。我們這個年代有許多人都以此種艱困的方式，被壓在底層過活，但他們每個人經歷此種處境的時間相對較短；因此，人們可能會尋思，是否有必要或是否值得，留下幾分有關此種特殊人類處境的記憶。

對於這個問題，我們覺得應該予以肯定的回覆。因為我們確信，沒有一種人類經驗是不具有意義或不值得分析的，事實上，我們深信，可以從我們所描繪的這個特殊世界，探究出人類的基本價值觀，儘管那未必總是正向的。我們想讓世人思索集中營的真相，而那也是，並顯然是，一次生理與社會的巨大歷史經驗。

成千上萬年齡、地位、出身、血統、語言、文化和習俗彼此相異的人，被囚禁在鐵絲網內，在此被強制接受一種千篇一律、受到監控、人人相同且生活所需的一切都匱乏不足的生活模式：而這已遠遠超過任何嚴謹的實驗家，用以辨別面對生命的鬥爭時，人類作為一種動物的反應中哪些來自先天，哪些來自後天所擬定的實驗。

我們不採信最明顯、最容易的那項推論：即當一切文明的上層結構被拿掉以後，人性基本上是殘酷、自私和愚蠢的，從而認為囚犯不過是些肆無忌憚的人類。我們反倒認為，有關這個問題，只能得出一個結論，當人類面臨生理的需求與不適並深受其苦時，許多習俗和社會本能都無從伸張。

而我們認為有件值得注意的事。人類間顯然存在著兩種截然不同的類別：滅頂者與生還者。其他成對的相反詞（好人與壞人、智者與蠢材、懦夫與勇者，不幸之人與幸運之人）之間的區別就模糊得多了，它們似乎不太是先天性的，特別是，它們兩者間能夠容納較多層次且較為複雜的模糊地帶。

在一般人的生活裡，這種區別不太顯著。一般狀況下，人通常不會迷失自我，因為他通常不是孤立的，他的命運起伏與鄰人的命運彼此相連；因此，一飛衝天或急轉直下從而一敗塗地都是特例。此外每個人通常都具有一些精神上、生理上，甚至是金錢上的儲備資源，從而在人生中翻船或失足的可能性就更小。再說，法律與道德觀——即一種內在的法律——發揮了某種緩衝力；確實，一個國家越被視為文明，那些用來防止弱者太弱、強者太強的法律就更為健全和有效。

但集中營裡的情形並非如此：在這裡，生存的鬥爭是絲毫不手軟的，因為每個人都是絕對而無情地孤立的。如果有個 018 搖搖欲墜，是不會有人向他伸出援手的；相反的，會有人把他推倒在一旁，因為沒有人在乎每天是否會多一個拖著腳步去工作的「穆斯林❶」；而如果有人以一種非比尋常的耐心和狡詐找到一種逃避較苦的工作的新伎倆，一種能讓他多賺到幾克麵包的新技巧，他便會設法保密，而且會因此獲得重視與尊敬，並將從中獲取個人獨享的某種利益；他將變得更強勢，並因此受人敬畏，而受人敬畏的人，理所當然地，就是個有望生還的候選人。

在歷史和人生當中，有時似乎會顯現出一種殘酷的法則，就是「凡有的，還要給他更多；一無所有的，還要從他身上拿走更多」。在集中營裡，人是孤立的，求生的鬥爭淪為其最原始的機制，不平等的法律公開施行，為眾人所公認。領導者樂於與適者、強者和機靈之人維繫關係，有時幾乎可說是與之稱兄道弟，因為他們指望假以時日能夠從中撈取一些好處。但對於穆斯林，對於那些每況愈下的落難者，是不值得搭話的，因為大家早已心裡有數，那些人只會怨天尤人，叨唸他們從前在家吃些什麼。更別提跟他們交朋友了，因為他們在營地裡沒有靠山，沒有任何額外的分量可吃，沒有在有利可圖的 Kommando 工作，而他們不知道任何祕密管道。最後，大家都知道，他們只是這裡的過客，幾週之內，除了不遠處的營地裡的一把骨灰和記錄本上新增的一個編號外，他們什麼也不剩。雖然他們一而再再而三地被不計其數的同類生吞活剝、威逼強迫，他們忍受痛苦，在一種不透光的孤單裡苟延殘喘，孤伶伶死去或消失，不在任何人的記憶中留下一絲痕跡。

這個物競天擇、無情程序的後果，可在後來有關集中營遷徙的統計數字中讀到。一九四四年在奧斯維辛，一些較早來到的老猶太囚犯 kleine Nummer ❷（這裡暫且不提其他人，因為他們又是另一番處境），即號碼小於 150000 的那些人裡，倖存的不到幾百；他們當中沒有一個人是在普通的 Kommando 裡幹活、靠正常配給的飯量勉強生存的一般囚犯。倖存的只有醫生、裁縫、鞋匠、音樂家、廚師、年輕而有魅力的同性戀者，或營地裡某些權威人士的友人或同鄉。此外就是些特別殘忍無情、凶狠沒人性的傢伙，他們擔任 Kapo、寢室長或其他要職（其職位由 SS 授予，此種篩選方式展顯示出他們對於人性有魔鬼般的認識）；最後則是那些雖然沒有擔任特殊職位，卻憑著他們的狡猾和精力總能設法籌畫並成事的人，除了物質上的優勢和名聲之外，他們也博得了集中營

❶ 作者注：我不知道出於何種理由，但集中營的前輩用「穆斯林」這個名詞來指那些弱小、無能的人，以及被選中淘汰的人。

❷ 德語，意為「號碼數字少的囚犯」。越早進來的囚犯，號碼數越前面，如第一個進營的囚犯為 001。

的權貴們的縱容與重視。那些不知道該怎麼成為籌畫者、成事者或特權分子（好些一針見血的措辭！）的人很快地會淪為所謂的穆斯林。人生中存在著第三條道路，那正是人生的準則；在集中營裡不存在著準則。

屈服是最簡單的做法：只要執行所收到的所有命令，只吃配給的分量，堅守勞動和營地的紀律就好了。經驗顯示，唯有特殊案例能以此方式在集中營裡存活超過三個月。所有進毒氣室的穆斯林都有著同樣的故事，或者，更確切地來說，他們沒有故事；他們沿著斜坡一路滑至谷底，自然而然地，如同溪流奔向大海。由於生性無能，某次的不幸，或者任何微不足道的事故，他們進到了集中營裡，沒來得及適應便被壓垮了；他們不堪一擊，沒來得及開始學習德語，沒來得及學習在錯綜複雜的法律和禁令中理出個頭緒，他們的軀體便已分崩離析，沒有任何方法可以將他們從淘汰機制以及衰敗致死中拯救出來。他們的生命雖然短暫，但他們的人數不計其數；他們是穆斯林，滅頂者，集中營的主成分；他們是無名大眾，不斷地汰舊換新卻又如出一轍的「非人」，他們沉默地行走與勞動，在他們身上，神聖的生命火花已經熄滅，他們已被抽空，幾乎無法真的感到痛苦。很難稱他們為活人；也很難將他們的死亡稱為死亡，面對死亡，他們並不害怕，因為他們已經累得難以理解死亡。

他們那沒有面孔的存在充斥著我的記憶，如果我能將我們這個時代所有的邪惡含括在一個意象當中，我會選擇這個意象，一個我所熟悉的意象：一個骨瘦如柴的男子，垂著頭，傴僂著肩膀，在他的臉上和眼神裡看不見任何思想的痕跡。

若說滅頂者沒有故事，他們唯一的一條路，就是寬廣的沉淪之路，然而，救贖之路卻為數眾多，艱苦而令人意想不到。

正如我們所提到的，成為特權分子是條康莊大道。集中營的官員被稱為特權者，從囚犯頭子（Lagerältester）、Kapo、廚師、護士、夜間守衛、棚屋的清潔人員，到 Scheissminister 和 Bademeister（廁所和淋浴間的管理人員）都屬於此類。在此，特別引起關注的是猶太裔的特權分子，由於其他人都是一進到營地，便憑藉著他們先天的優勢而順理成章地獲派職務，猶太人則得靠著陰謀詭計和鬥爭才能取得上述職務。

傑出的猶太人士構成了一種可悲而令人歎為觀止的人類現象。種種過去的、現在的、代代相傳的痛苦及敵視異族的傳統與教養匯流到他們身上，讓他們成了性情孤僻且麻木不仁的怪物。

他們是德國集中營結構的典型產物：向某些處於奴役狀態的人提出一個具有優勢的地位、舒適的條件及較高的存活機會，並要求他們背叛與伙伴間原本團結互助的關係，就一定有人會接受。那人將免於一般法則，而成為碰不得的人；因此，他被賦予的權力越大，他就越可恨，越受憎恨。當他被任命掌管一群不幸的傢伙，手中握有那些人的生殺大權時，他將殘酷又霸道，因為他明白，假使他不夠心狠手辣，另一個被認定為更適任的會取而代之。此外會發生這樣的事：他無法發洩在壓迫者身上的仇恨，將非理性地發洩在被壓迫者的身上，唯有當他把從上層那裡承受的委屈發洩在下屬身上，他才會感到痛快。

我們意識到，上述一切與一般人所想像的情景相去甚遠，一般認為被壓迫者即便不聯合起身反抗，至少也會患難與共。我們不排除此種可能，此類的情形有可能在壓迫不超過一定程度，或壓迫者因為缺乏經驗或氣度而縱容或鼓勵此類的情形時發生。但是，我們看到，當今世上，在被外國入侵者踐踏的每個國度裡，被征服者之間也產生了同樣的對立與仇恨的情形；而就好像其他許多人世間的事情一樣，這點在集中營裡能特別清楚地被捕捉到。

關於非猶太裔的特權分子則沒有很多可說的，雖然以人數而言他們多得多了（沒有一個「雅利安」囚犯沒有職務，他們最起碼有個卑微的職務）。他們一板一眼而野蠻，這是當然的，只要試想他們原本大多是普通罪犯，是德國監獄特地選出來到猶太人的集中營裡任職的；我們認為，這是一種精心挑擇的結果，因為我們拒絕相信我們眼前的不堪的人類標本，代表著德國罪犯——更別說是一般德國人——的平均取樣。為何奧斯維辛的德國、波蘭和蘇聯的特權分子的殘酷程度與普通罪犯不分軒輊，則更難以解釋。但眾所周知的是，在德國，政治犯的資格也適用於走私、與猶太人非法通姦、竊盜納粹黨官員的財物一類的犯行。「真正的」政治人物則在其他惡名昭彰的集中營裡生活和死去，該處的生活條件極為嚴苛，但在許多方面都與我們在此描述的有所不同。

不過，除了狹義的官員之外，還有一大批囚犯，他們一開始就不受命運的青睞，得為生存奮鬥不懈。必須逆流而上；每天的每時每刻都要對抗疲勞、飢餓、寒冷以及隨之而來的怠惰；必須抵禦敵人，並在面對對手時毫不心軟；必須磨練心智，鍛鍊耐心，強化意志。或者，必須抹殺所有的尊嚴，泯滅一切的良知之光，投入戰場與對手進行殘忍的廝殺，跟隨著在血腥的年代裡支撐著各個氏族與個人的未知潛能。為求免於一死，我們絞盡腦汁、想方設法：人性有多少種，方法就有多少種。所有的法門都包含了一種以一敵眾、令人筋疲力竭的艱苦鬥爭，還有許多法門則包含著不少變態行為和委屈妥協。在命運直接而有力的眷顧下，絲毫不委屈自己的道德標準而活，只發生在極少數具有烈士或聖人本質的高等人身上。

究竟可以透過多少種方式生還，我們將以薛普薛爾、阿爾弗雷德L.、埃利亞斯和翁希的故事來說明。

薛普薛爾在集中營裡已經住了四年。遭遇了反猶暴動而被從他位於加利西亞的村莊趕出來以後，他親眼見證了身邊成千上萬的同胞喪命。他原有妻子和五個孩子，還有一間生意興隆的鞍具用品店，但長久以來，他已習慣只把自己想成是一個需要定期填充的布袋。薛普薛爾的體型並不特別壯碩，既不特別英勇，也不特別邪惡；他也不特別狡猾，他從來沒有找到一個可以讓他稍微喘口氣的職位，而只是不時訴諸一些小手段，訴諸集中營裡所稱的「計謀」。

三不五時，他會從布納工廠偷把掃帚，拿來轉賣給 Blockälteste；一旦他攢夠了資本（麵包），便從排房的鞋匠、他的同鄉那兒租借工具，自己做起生意；他會將電線編成吊帶；錫吉告訴我，他曾在午休時間看見薛普薛爾在斯洛伐克工人的棚屋前又唱又跳，而有時他們會以吃剩的湯犒賞他。

這麼一說，你們可能會出於憐憫而將薛普薛爾想成一個小人物，想像他心裡除了最卑微、最基本的求生意志外別無其他，並勇敢不懈地做出小小的抗爭。但薛普薛爾也不是什麼好人，有一次他抓到機會，他便毫不猶豫地讓他的共謀莫伊斯勒被處以鞭刑，他們那次在廚房偷竊，欲藉此在 Blockälteste 面前邀功，期望能被他提名為刷洗大鍋的人選，但那全都是白費心機。

其他的不提，工程師阿爾弗雷德 L. 的故事說明了一件事，即人生而平等的說法根本是天方夜譚。

阿爾弗雷德原本在他的國家經營一間舉足輕重的化工廠，而他曾——且仍——在全歐洲的工業界裡享有盛名。他是個五十歲上下身材壯碩的男子；我不知道他是怎麼被逮捕的，但他進入集中營時跟所有的人沒有兩樣：光著身子，單獨一人，且沒沒無聞。我遇見他的時候，他已經非常衰弱，但臉上還帶著一些由某種遵守紀律、一板一眼的能量所刻劃出的特徵；那陣子，他的特權僅限於負責波蘭工人的大鍋的日常清洗；我不知道他是透過哪種方式得以獨攬這項工作的，這使他每天能夠獲得半碗湯。這當然不足以填飽他的肚子，但從沒有人聽過他有任何怨言。相反地，他言談間所透露出的隻字片語讓人以為他在暗地裡享有了不起的資源，有個可靠又有效的「門道」。

這一點從他的外表可以得到印證。阿爾弗雷德「自成一格」：他的手和臉總是乾乾淨淨的，總不忘清洗他的襯衣，每十五天洗一次，而不等到兩個月一次的襯衣更換日（這裡我們必須指出，清洗襯衫意味著一個人得弄到肥皂、找出時間，在擁擠不堪的洗浴室裡找到空位；意味著兩隻眼睛必須持續密切監測，一刻都不能將視線從濕襯衫上移開；意味著必須在熄燈後的死寂時刻穿著濕淋淋的襯衣）；他擁有一雙專門用來穿去洗澡的木底鞋，而甚至他那套又新又乾淨的條紋衣服都分外地合身。基本上，阿爾弗雷德在成為特權分子之前，早就為自己打造出特權分子所須具備的外觀：因為唯有等到很久之後，我才知道，阿爾弗雷德的一身氣派其實是他以難以置信的堅韌一點一滴賺來的，他用他個人的麵包換取商品和服務，等於是得咬牙忍耐更多額外的飢餓。

他的計劃是長遠的，而這一點顯得分外特出，因為那是在一個充斥著臨時心態的環境裡醞釀而成的；而阿爾弗雷德以嚴格的內在紀律執行它，對自己不抱憐憫，更別提對那些擋住他的去路的伙伴們。阿爾弗雷德深知，被敬為強者和實際上成為強者之間只有一小步路，他知道無論走到哪裡，特別是身處於齊頭式的集中營裡，一個值得敬重的外觀是獲得敬重的最佳保障。他想方設法不讓自己與人群被混為一談：他格外努力工作，有機會時甚至會以懇切、責難的語氣敦促懶惰的同伴；每天排隊領飯時避免與人爭先恐後，並天天領取第一份最稀的湯，以讓寢室長注意到他的紀律。為了完全與其他人拉開距離，與伙伴相處時，他總是表現出不違背其私利的最大禮遇，而他的自私是絕對的。

當化工小隊成立時，這我們之後會提到，阿爾弗雷德意識到他的機會來了：在一群骯髒邋遢的伙伴間，光光他那身整潔的衣著以及他消瘦但刮得乾乾淨淨的面容，就足以立刻贏得 Kapo 和 Arbeitsdienst 的信任，被認定為一個真正值得生還的人，一個潛在的特權分子；凡有的，還要給他更多，因此他理所當然地被提拔為「專業人士」，被任命為小隊的技術主任，並被布納工廠的領導階層聘用為苯乙烯系實驗部門的分析師。後來他又陸續受託負責審查化工 Kommando 的新進人員，評定其專業能力，而他總是極端嚴格地執行一切，特別是當他意識到自己所面對的是有朝一日可能成為競爭對手的人時。

我不知道他後續的故事；但我認為他很有可能從死亡的魔掌逃過一劫，而如今可能還繼續過著統治者那種堅忍不拔、了無歡樂的冷酷生活。

埃利亞斯・林津，編號141565，某天不明所以地來到了化工小隊。他是個侏儒，身高不超過一米半，但我從沒見過長得像他那樣的肌肉。光著身子的時候，他皮膚下塊塊分明的肌肉，就像一隻隻分別存在的動物般有力地活動著。如果按原比例將他放大，他的身體可作為用來臨摹海克利士的範本，但是必須除去頭部不看。

他頭皮底下的顱骨骨縫特別顯眼。頭顱非常巨大，讓人覺得是金屬或石頭做的；眉毛上一指之遙，看得見剃光的黑色髮際。剛毅的鼻子、下巴、額頭、顴骨擠在一起，整張臉看起來像是一隻公羊的頭，一種適合用來橫衝直撞的工具。他整個人散發出一種野獸般的活力。

看埃利亞斯幹活彷彿觀賞一場令人不安的表演；波蘭籍的師傅，有時甚至連德國人，都會停下來觀賞埃利亞斯幹活。他看起來似乎無所不能。我們勉勉強強才扛得起一袋水泥，埃利亞斯卻能一次扛個兩袋，甚至三袋、四袋，以不知名的方式保持平衡，而當他邁開他那又短又粗的雙腿快步行走時，身負重物的他扮著鬼臉，不停地笑啊、罵啊、吼啊、唱啊，彷彿他的肺是青銅做的。儘管穿著木底鞋，埃利亞斯能像隻猴子般一溜煙地爬上鷹架，並在懸空的橫樑上穩步飛奔；他頭上一次可以頂六塊磚頭；他知道怎麼用一塊金屬片製作一把湯匙，以及如何用一塊廢鋼製做一把刀；他到處都能找到乾燥的紙張、木材和煤炭，即使在雨中，他也不用兩三下就能將火生起。他能擔任裁縫、木匠、鞋匠、理髮師；吐痰可以吐得出奇地遠；他能以低沉而不賴的嗓音唱出前所未聞的波蘭語和意第緒語歌曲；可以一次喝下六升、八升，甚至十升的湯，而且不會嘔吐、腹瀉，之後還能立刻恢復幹活。他能在肩膀拱出一大個駝背，還會裝作瘸腿繞行棚屋，尖聲大叫、胡言亂語，給營地的權貴們帶來歡笑。我曾見過他與一個高過他一個頭的波蘭人搏鬥，一頭將那人撞倒在地，彈弓般精準又有力。我從沒見過他休息，從沒見過他安靜不語或停下來，我從來沒聽說過他受過傷或生過病。

關於他作為自由人時的生活，人們一無所知；況且，想在腦海裡將埃利亞斯描繪為一個自由人，需要發揮深刻的想像力和推理能力。他只會講波蘭語以及華沙一帶一種扭曲而怪異的意第緒語；此外根本無法引導他講出一段前後連貫的話。他的年齡可能是二十歲，也有可能是四十歲；他通常宣稱自己三十三歲，並育有十七個孩子，而這並非不可採信。他總是滔滔不絕地談論著五花八門的話題；總是聲音宏亮，用一種演說家的語調，瘋子般地比手劃腳，彷彿他總是面對著一大群人說話，而想當然耳，他也從來沒有缺過觀眾。聽得懂他的語言的人聽得很過癮，笑得直不起腰，他們熱情地拍打著他厚實的肩膀，鼓譟著要他再接再厲；而他呢，他氣勢兇猛、擠眉弄眼，像隻野獸般地在聽眾的圈子來回走動，一會兒訓斥這人，一會兒責罵那人；突然間用他那小巧的利爪揪住一個人的胸口，讓人無法招架地把那人抓到自己身前，衝著那張驚魂未定的臉長篇大論地臭罵一頓，然後猛地把他像根樹枝般地向後一甩，並且在一片掌聲和笑聲中，像一隻能預測未來的小怪獸般向上張開雙臂，繼續氣憤而狂亂地說個不停。

他作為卓越勞工的名聲很快就傳開了，並由於集中營那荒唐的規矩，在那之後實際上就停止幹活了。他的工作直接由師傅指定，只做那些需要精湛技藝和驚人的體力的工作。

除了這些任務之外，他還以囂張暴力的方式督導我們日常平庸的勞碌，並經常不見蹤影，祕密地前去訪視和探索隱蔽的工地，天知道他去了哪裡，他從那些地方回來時口袋總裝得鼓鼓的，肚子也往往顯得很飽滿。

埃利亞斯是渾然天成的小偷，在這方面他展現出野生動物般的狡猾本能。他從未被當場人贓俱獲，因為他只在勝算在握時偷竊：一旦時機出現，埃利亞斯就會當仁不讓、勢在必得地出手，彷彿一顆石頭砰然墜落。先不說很難將他逮個正著，很顯然，拿什麼來懲罰他都無法懲戒他的偷竊行為：對他而言偷竊代表著一種純然的生命跡象，如同呼吸和睡眠一般。

現在，我們可以思考想像這個埃利亞斯究竟是何方人物。他是不是個失常而難以理解、偶然來到集中營的瘋子。他是不是一種返祖現象，與我們這個現代世界格格不入，而更適合集中營生活的原始條件？或者，他該不會是集中營的一項特產，如果我們沒有死在營裡，如果集中營沒有先行關閉，我們大家都將變得跟他一樣？

這三種假設都含有真實的成分。埃利亞斯倖存了下來，沒因外在的摧殘而喪命，因為基本上他是堅不可摧的；他抵擋住了內在的滅絕，因為他精神異常。因此，他先天便是個倖存者：他是最適合此種生活方式的人類的樣本。

如果埃利亞斯重獲自由，他將被驅逐到人類社會的邊緣地帶，進入監獄或瘋人院。但在這裡，在集中營裡，沒有罪犯也沒有瘋子：沒有罪犯，因為沒有任何可以僭越的道德規矩；沒有瘋子，因為我們的所有一切都已被決定，而且我們的每個行為顯然都是此時此地唯一可能的行為。

在集中營裡，埃利亞斯蓬勃發展、所向無敵。他是個優秀的勞工，辦起事來也極有門道，出於此種雙重因素，他有十全的把握不受淘汰，並受到頭子們和伙伴們的尊敬。對於那些沒有堅強的內心，那些不知如何從自身良知汲取力量以抓緊生命的人而言，唯一的生還之道就是埃利亞斯：只能裝瘋賣傻與逞兇鬥狠。其餘的都是死路。

說到這裡，也許有人會試圖從中為我們的日常生活汲取結論，甚至是準則。我們的周遭難道不也存在著像埃利亞斯那樣或多或少取得成就的人嗎？我們難道沒看見有人漫無目的，而不帶任何形式的自制和良知地活著嗎？而那些人難道不是帶著自己的缺陷而活，或更確切地說，他們難道不是跟埃利亞斯一樣恰恰倚靠著那些缺陷而活嗎？

這是個嚴肅的問題，而我們將不會對此多做討論，因為本書的故事是集中營的故事，而有關集中營外的人，已有很多著述。不過，我們還想補充一件事：根據我們可以從外部加以判斷的，且不論這個判斷是否具有任何意義，當時的埃利亞斯極可能是一個幸福的人。

翁希則是極其文明和自覺的，對於在集中營裡的求生方式，他有一套完整和全面的理論。他年僅二十二歲，聰明絕頂，會說法語、德語、英語和俄語，並有良好的古典人文與科學素養。

他的兄弟去年冬天死在布納工廠，從那天起，翁希就切斷了任何的情感牽絆；他封閉了自我，彷彿縮在甲殼裡，並憑藉著從他的聰明才智和優雅的教養所能汲取的所有資源一心一意地為生存抗爭。根據翁希理論，人可以採取三種方法免於被消滅，並同時不辜負其作為人的氣節：找到門道、博取同情，還有行竊。

三種方法他本人都身體力行。在哄騙（他說是「培養」）英國囚犯方面，沒有人比翁希是更好的謀略家。落到他手裡，他們成了貨真價實的金雞母：想像一下，在集中營裡以物易物，只要用一根英國香菸就可以換到足以填飽肚子一整天的東西。有人曾經撞見翁希在吃一個真正的水煮蛋。

來自英國的貨物交易被翁希壟斷，到此為止，他所採取的方法是門道，但他藉以滲透進英國人和其他人的圈子的方法是博取同情。翁希有著索多瑪的聖巴斯弟盎那種細緻而帶點妖氣的身體和面孔：烏黑而深邃的雙眼，還沒有長鬍子，舉手投足帶著一種渾然天成的慵懶與優雅（但必要時他也能像隻貓一樣奔跑跳躍，而他的胃容量僅次於埃利亞斯）。有關他的這些天賦，翁希心知肚明，並能像科學家操作儀器那樣對其冷靜地加以利用，而其成效令人嘆為觀止。這其實是一項新發現：翁希所發現的是同情心，作為一種原始而未經思考的感受，若經巧妙灌輸，便能夠讓同情心在那些對我們發號施令、頤指氣使，那些無緣無故、肆無忌憚地對我們拳打腳踢，那些一腳將我們踐踏在地的傢伙的野蠻頭腦中生根茁壯，這個發現的實用性質並沒有逃過翁希的法眼，他將其列入了他個人的產業當中。

就好像獴攻擊作為大毛蟲身上唯一弱點的神經節而使其麻痺，翁希只要瞄一眼就能物色到他的苦主，「他所尋找的那人」；他會分別以適當的用語與每個人簡短交談，而「那人」便會立刻被收服：那人會越聽越同情他，為這位不幸的年輕人的悲慘命運所動容，而要不了多長的時間，就會開始有所收益。

要是翁希認真花功夫的話，沒什麼他無法打動的鐵石心腸。不論是在集中營或是在布納工廠，他的靠山不計其數，包括英國士兵、法國、烏克蘭和波蘭的平民勞工、德國「政客」、四個以上的Blockälteste、一個廚師，甚至還有一名SS。但是他最喜歡的地方是Ka-Be：翁希能自由進出Ka-Be，希特宏醫師和魏斯醫師是他的保護者、他的朋友，只要他想要，他們就會讓他入院，他要他們提供什麼診斷都可以。這特別會發生在淘汰即將進行前，以及勞動最為繁重的時期：他說，他是去「過冬」的。

由此，交遊如此廣泛的翁希很少會淪落到要訴諸第三種方式，即行竊的方式；再說，有關這個話題，他自然不是那麼願意向人吐露。

在休息時段與翁希交談是非常愉快的。而且也很有用：有關集中營，他無所不知，而且也沒有他不曾以他緊湊而連貫的方式探討過的。談論他的成就時，他非常謙沖有禮，就好像在談論著無關緊要的獵物似的，而有關他如何透過詢問漢斯他兒子在前線的事，怎麼讓奧托看他小腿上的傷疤，藉此接近他們，他則樂於詳述。

跟翁希談話既能受益又令人愉快；有時候你甚至會感覺到他溫暖而親近，似乎心有靈犀，甚至帶著一份真情；似乎能夠窺探到他那非凡的人格特質背後那悲傷而警醒的人性基底。但轉瞬間他那悲傷的微笑凍結為冰冷的苦笑，一種彷彿照著鏡子學會的表情：這時，翁希會彬彬有禮地尋求諒解——...j'ai quelque chose à faire,...j'ai quelqu'un à voir[3]，接著又搖身變回獵人與鬥士，變得剛強而難以親近，再次縮到自己的甲殼裡，戰戰兢兢地疏遠他人，彷彿聖經創世紀裡的蛇，帶有一種非人的狡詐與難解。

每次與翁希交談之後，即使是最熱絡的交談，最終我都有股輕微的挫敗感：令我隱約懷疑，自己是不是在某種程度上也不知不覺地變得不是個人，而是他股掌之間的一項玩物。

如今我知道翁希還活著。我很想了解他身為自由人所過的生活，不過，我不想再見到他。

❸ 法語，意為「我還有事要辦」、「我還有事得照料」。

化學考試

被稱為化學 Kommando 的 Kommando 98 原本應該是一個專業的部門。

正式公告成立的那個黎明，天空還一片灰濛濛的，十五個囚犯所構成的一小群人聚集在點名廣場上，圍繞著新上任的 Kapo。

第一件令人失望的事情是：他是個「綠三角」，一個專業罪犯，勞動役部門並不認為化學 Kommando 的 Kapo 必須是個化學家。沒必要問他問題，那只是白費唇舌，他不會有所回應，或者他只會以大吼大叫和拳打腳踢作為回應。況且，令人感到寬心的是他看起來不怎麼壯，身高也低於平均。

他以軍營裡粗鄙下流的德語作了簡短的發言，我們的失望更加被強化了。所以，這就是那些化學家：他是亞歷克斯，如果那些人以為自己進入了天堂，他們就搞錯了。首先，打從生產的那一天開始，Kommando 98 就只會是一個隸屬氯化鎂倉庫之下的搬運小隊。此外，倘使他們自以為是什麼 Intelligenten ❶，自以為是知識分子而想要耍弄他，他，亞歷克斯，一個堂堂的 Reichsdeutscher，沒錯，Herrgottsacrament ❷，那就走著瞧，他會讓他們……（這時，他手握拳頭，食指豎直，僵硬地在空氣中揮舞手臂，做出德國人威脅的手勢）；最後，他們可別以為自己騙得了任何人，假使有人不是化學家，而膽敢冒充化學家的話……沒錯，在接下來的幾天內，會舉辦一次考試，在聚合作用部門的三大巨頭——哈根博士、普羅布斯特博士、工程師潘維茨博士——面前進行一場化學考試。

講到這裡，**meine Herren** ❸，我們已經浪費了多少時間，九十六號與九十七號小隊已經啟動，**Avanti marsch** ❹！首先，誰要是沒跟上腳步，沒有對齊走，他可就要不客氣了。

❶ 德語，意為「聰明的人」。

❷ 德語，字面上為「神聖禮」，德語口語為「我的天啊！」、「天殺的！」，表示驚嘆、帶有負面意涵的語助詞。

❸ 德語，意為「先生們」、「紳士們」。

❹ 德語，意為「起步走」。

他就是個 Kapo，一個跟所有的 Kapo 沒有分別的 Kapo。

走出營地，五個人組成一隊，行經樂隊和SS清點人數的地方的前面，他們手裡拿著貝雷帽，手臂緊貼身側不動，脖子僵硬地挺著，不能說話。然後轉換成三個人一組的隊形繼續行走，這時就可以趁著一萬雙木鞋的足音雜沓中交談個幾句。

我那些化學小隊的伙伴們都是些什麼樣的人？阿爾貝托走在我身旁，他是三年級的學生，這次我們也得以不被拆散。我從來沒有見過我左手邊的第三個人，他看起來很年輕，臉色蒼白如蠟，有著荷蘭人的編號。在我前面、背對著我的三個人也都是新面孔。轉身向後看是危險的，我可能會跟不上腳步或絆倒；不過我還是嘗試了一下，我看見了伊斯・克勞斯納的臉。

行進的時候是沒有時間思考的，必須小心才不致踩掉前面瘸著腿走路的人的木鞋，並讓自己的木鞋不被後面的人踩掉；時不時就有些坑窪得跨越或濕滑的水坑得繞開。我知道我們現在身在何處，我跟著原本所屬前的勞動小隊已經到過這裡，這是H街，倉庫之路。我告訴阿爾貝托：我們真的是要去氯化鎂倉庫，至少這點不是胡謅。

我們到了，我們下到一個巨大而潮濕的地下室裡，裡頭充滿了氣流；這是小隊的總部，被稱為 Bude[5]。Kapo 將我們劃分為三支隊伍：四個人負責從車廂上把貨卸下；七個人負責將它們運送到下面；四個人負責把它們堆放在倉庫裡。最後這四個人就是我、阿爾貝托、伊斯跟那個荷蘭人。

我們終於可以交談了，對我們每個人來說，亞歷克斯所說的那一切彷彿是一個瘋子所作的夢。

我們眼神空洞、頭髮剃個精光、滿身破爛地去參加了化學考試。將以德語考試，顯然如此；我們得去到某個雅利安人種的金髮博士跟前，盼望自己不會在那個當口需要擤鼻涕，因為他也許不知道，我們並沒有一條屬於自己的手帕，而我們當然沒有向他解釋這一點的餘地。我們帶著與我們長期為伴的飢餓，膝蓋虛軟的我們將難以站穩腳步，而他肯定會聞到我們身上的氣味，我們現在習慣了，但一開始的日子裡，這種氣味令我們難以忍受——那是種生的和煮熟的蘿蔔和包心菜消化過後的味道。

確實如此，克勞斯納做出確認。那麼德國人是很需要化學家了？抑或這是一種新招數，是種 pour faire chier les Juifs ❻ 的新伎倆？他們難道不知道，要我們這些半死不活、在漫無目的的等待中已經幾近瘋狂的人，去參加這樣的考試有多麼地荒謬和怪誕嗎？

❺ 德語，意為「小隊的總部」，原為「攤販」、「售貨亭」。

❻ 法語，意為「用來惡搞猶太人」。

克勞斯納向我展示他的湯碗的底部。在那裡，別人刻了他們的編號，阿爾貝托和我刻了我們的名字，克勞斯納則寫道——Ne pas chercher à comprendre [7]。

我們一天裡，花在思考上的時間只有幾分鐘，而就連當時，也是以一種抽離而置身事外的方式在思考，儘管如此，我們心知肚明自己最終將被送到毒氣室去淘汰。我知道自己不是撐得住的一塊料，我太過於文明，仍然想得太多，在勞動裡日漸枯竭。而現在我知道，如果我能成為專業人員，也許我就能得救，而假使我能通過化學考試，我也許就能成為專業人員。

今天，這個真實的今天，我坐在桌邊寫作，而連我自己都不確定這些事情是否當真發生過。

過了三天，三個如今難以追憶的尋常日子，當時顯得如此漫長，過後又顯得如此短暫的三天，所有人都已經厭倦於自己對化學考試所懷有的冀望。

化學小隊已經剩下十二個人：其中三個人以這裡慣有常見的方式消失了，也許他們在隔壁的棚屋，或者他們已被從世上消滅。十二個人當中，有五個不是化學家；那五個人都立刻向亞歷克斯提出回到原本的小隊的申請。他們不排除自己得要遭到一陣毆打，但出乎意料的是，不知道是哪個上層做出了決定要將他們留下，編制為化學小隊的輔助人員。

亞歷克斯來到存放氯化鎂的地窖，把我們七個叫出去考試。而我們七個就像七隻跟隨在母雞背後的笨拙小雞一樣，跟著亞歷克斯爬上通往聚合作用部門辦公室的小樓梯。我們站在樓梯間裡，門上掛著一個牌子，上頭寫著三個著名的名字。亞歷克斯畢恭畢敬地敲了門，脫下帽子走了進去；傳來一個平靜的聲音；亞歷克斯再次走了出來——

Ruhe, jetzt. Warten ❽。我們被告知要安靜等候。

對此我們感到慶幸。人在等待的時候，時間就會流暢地通過，你不用做點什麼將它驅趕向前；相反地，人在幹活的時候，每分每秒都過得很辛苦，必須費力地驅趕時間。我們總是很樂於等待，我們可以像蜘蛛，待在早已結好的蛛網上那樣，一動也不動地等待好幾個小時。

亞歷克斯很緊張，他來回踱步，每次我們都會靠邊讓他通過。而我們每個人也各自以自己的方式感到不安；只有門迪除外。門迪是個拉比；他來自於蘇聯的喀爾巴阡地區，那是個多民族雜居的地區，在那裡每個人至少會說三種語言，門迪會說七種。他

❼ 法語，意為「別設法去理解些什麼」。

❽ 德語，意為「現在安靜等候」。

懂的可多了，除了身為一個拉比，他還是個激進的猶太復國主義者、歷史語言學家，曾經當過游擊隊員，並且是個法學博士；他不是化學家，但仍想放手一搏，他是個頑強、勇敢而犀利的人。

巴拉有一支鉛筆，大家都向他撲過去。我們不確定自己是否還會寫字，但我們想試試看。

Kohlenwasserstoffe ❾、Massenwirkungsgesetz ❿。各種化合物和定律的德文名稱飄過我的腦海：我很感激我的大腦，我沒在照顧它，但它仍以這麼好的方式為我服務。

亞歷克斯又出現了。我是個化學家，我和這個亞歷克斯有何關係？他停下腳步站在我面前，粗手粗腳地重新整了整我外套的領子，摘下我的帽子，又重新幫我戴上，然後他後退一步，以嫌惡的神情審視成果，轉身嚷嚷——Was fur ein Muselmann Zugang! 又是個破東西！

門打開了。三位博士決定，六名應考人將在早上考試。第七個則否。第七個是我，我的入營編號是最大的，我得回去幹活。等到下午亞歷克斯才來接我；真倒楣，我甚至不能跟別人交流交流，探問他們考了些什麼問題。

這次真的輪到我了。在樓梯間裡，亞歷克斯斜眼看著我，他感覺他得為我邋遢不堪的模樣負點責任。他對我沒有好感，因為我是義大利人，又是猶太人，也因為我是所有人當中，與他理想中的霸氣男人相去最遠的那個人。依此類推，即使他對化學一無所知，並對自己的無知深感自豪，他大刺刺地展現出非常不看好我的神情。

我們進去了。只有潘維茨博士一人，亞歷克斯，手裡拿著帽子，低聲向他說：「……是個義大利人，進入集中營才三個月，已經半死不活……Er sagt er ist Chemiker[11]。」但他，亞歷克斯，似乎帶著不以為然的表情。

亞歷克斯很快地被打發到一邊，而我感覺自己彷彿來到人面獅身像面前的伊底帕斯。我的思緒清晰，而此時此刻我意識到眼前的賭注很大；儘管如此，我感受到一股瘋狂的衝動，我好想消失，好想逃避這個考試。

潘維茨又高又瘦，一頭金髮；他的眼睛、頭髮和鼻子都像是所有的德國人應該要有的那樣，他威風地坐在一張功能複雜的書桌後面。我，174517號囚犯，我站在他的書房裡，這是個真正的書房，所有的擺設都光可鑑人、乾淨整潔，我覺得，不管我觸碰到哪裡都會留下污漬。

⓽ 德語，意為「碳氫化合物」。
⓾ 德語，意為「質量作用定律」。
⓫ 德語，意為「他自稱是個化學家」。

他寫完字以後，就抬起頭，看了我一眼。

那天起，我以多種方式多次想起了潘維茨博士。我尋思他私底下究竟如何為人；在聚合作用的部門之外，在雅利安人種的身分之外，他如何填滿自己的時間；特別是，當我再度成為自由人之後，我仍想再次見到他，但並不是為了復仇，而只是出於一種對於人類靈魂的好奇。

因為那不是人與人之間的目光，而更像是生活在不同的世界的兩種生物，隔著水族箱的玻璃圍牆的目光交會，要是我能夠澈底解釋那種目光的本質，想必便能解釋德意志第三帝國瘋狂錯亂的本質了。

我們所有人對德國人所抱持的想法和說法，都在那一刻裡得以立即被感知。控制著那雙水藍色的眼睛，和那雙悉心保養的雙手的大腦說：「眼前的這東西屬於一種必須殲滅的類別。在特定情況下，我首先得確認它是否還有任何利用價值。」而在我的腦袋裡，彷彿一顆空心的南瓜裡的種子：「水藍色的眼睛和金色的頭髮在本質上是邪惡的。沒有溝通的可能。我專精於礦物化學。我專精於有機合成。我專精於……」

然後口試開始了，亞歷克斯則在角落裡打呵欠，齜牙咧嘴。那是第三種動物樣本。

——Wo sind Sie geboren ⓬? 他用 Sie，用您來稱呼我：工程師潘維茨博士沒有幽默感。可恨的傢伙，他甚至沒有盡量說一種讓人稍微可以理解的德語。

「我一九四一年畢業於杜林，滿分並獲得嘉獎。」我這麼說的時候，明確有種不被相信的感覺，說實在的，連我自己也不相信，只要看看我那髒兮兮又佈滿了瘡的雙手、身上那只有苦力才會穿的、結滿了淤泥硬塊的長褲。然而那正是我，杜林大學的畢業生，況且，尤其是在此刻，我更不能在他面前懷疑自己的身分，的確，關於有機化學的種種回憶，儘管長期閒置不用，卻意想不到地在此時獲得施展，此外我陶醉在清晰的思路裡，這種興奮的感覺給血管帶來一陣暖意，我認得這種感覺，這是考試時血脈賁張的感覺，我自然而然地動員了自己所有的思維能力，和曾被我的同學們所羨慕的淵博的知識。

考試順利地進行著。隨著我慢慢地意識到整個狀況，我感覺自己的階級不斷地在爬升。現在他問我畢業論文寫什麼題目。我得用力回想，才能挖掘出那些如此久遠的種種回憶：好像我正努力憶起前世所發生的種種。

冥冥之中似乎有所保佑。我當年那有關《介電係數的測量》的可憐的論文題目，引起了這位衣食無憂的金髮雅利安人特別的興趣：他問我是否會英文，並拿出加特曼的著作給我看，而這也顯得荒謬而不真實，在這兒，在鐵絲網的另一側，竟然存在著一本加

⑫ 德語，意為「您在哪裡出生的」。

特曼，與我大學四年級的時候在義大利家中所讀的那本一模一樣。

現在，考試結束了：考試期間支撐著我的那股興奮感戛然終止，而我呆滯無語地盯著他那隻長有金色毛髮的手，以令人難以理解的字跡在白紙上批寫我的命運。

Los, ab! ⓭，亞歷克斯再次登場，而我又重新回到他的管轄之下。他踩響鞋跟向潘維茨博士敬禮，換得他以微動眼皮的方式所作的回禮。我無助地想找出一個得體的告辭方式：但徒勞無功，用德語，我只會說吃飯、做工、偷竊、死亡；我還會說硫酸、大氣壓力和短波發電機，但我真的不知道怎麼用德語向以一個有地位的人告辭。

我們又回到樓梯間。亞歷克斯飛奔下樓：因為他不是猶太人，他穿皮鞋，腳步輕快得彷彿地獄裡的惡魔。當我穿著我那不成對的木鞋，老人似的攀住樓梯的扶手、動作狼狽、踢踢躂躂地下樓時，他從下面轉身斜眼睥睨我。

看來考試進行得很順利，但人不應該對此有所指望。我已經夠了解集中營了，知道自己絕不應該抱持任何期望，特別是樂觀的期望。確切無疑的是，我今天一整天沒有上工，因此今夜我會稍微比較不餓，而這是一種具體而多得的好處。

為了返回 Bude，得穿越堆滿了一片枕木和金屬架的一塊地。一台升降架的鋼纜橫在路上，亞歷克斯一把抓住它，想跨過去，Donnerwetter ⓮，看著自己被黑色油污弄髒的手。這時我趕上了他：不帶任何怨恨或嘲弄，亞歷克斯在我的肩膀上將手擦了擦，把手掌和手背都抹個乾淨，而殘忍得渾然天成的亞歷克斯想必會很詫異，假使有人告訴他，無論是在奧斯維辛或在任何其他地方，我是就著他今天的這個舉動判決他、潘維茨，及無數大大小小像他一樣的人物。

⓭ 德語，意為「走吧，出去！」。

⓮ 德語，意為「天啊」。

尤里西斯之歌

一起刮洗地下水槽內壁的我們有六個人；白天的陽光只能從入口小門照到我們。這是一件不可多得的好差事，因為沒人監督我們；但這裡又濕又冷。鐵鏽的粉塵讓我們眼皮下陣陣刺痛，黏附在我們的喉嚨和嘴裡，幾乎帶有一種血腥味。

從入口處垂掛下來的小繩晃動了起來：有人來了。德伊茨把菸擰熄，戈德內喚醒西瓦迪安；所有人又重新使勁賣力地刮，將水槽內壁刮得鏗鏘作響。

來的不是Vorarbeiter，而是尚，我們的小隊裡的Pikolo。尚是亞爾薩斯的一個大學生；雖然他已經二十四歲了，但他是我們化工小隊裡最年輕的囚犯。因此由他來擔任Pikolo的職務，也就是從事雜務、文書，負責打掃棚屋、交送器材、洗碗、統計小隊工時。

尚能說一口流利的法語和德語，一認出踩在繩梯最上面一階的是他的鞋子，大家就停下不刮了。

——Also, Pikolo, was gibt es Neues❶？

——Qu'est-ce qu'il y a comme soupe aujourd'hui❷？

……今天Kapo心情如何？斯坦被抽了二十五下鞭子以後怎麼樣？剛剛外面天氣如何？他讀過報紙了嗎？民工的廚房裡有什麼香味？當時是幾點？

尚在小隊裡很受愛戴。要知道Pikolo的職務在特權分子的級別裡已算相當高：Pikolo（通常年齡不超過十七歲）不用幹體力活，吃飯時可以隨意撈取鍋底的料，並可以整天待在火爐附近，因此，他有權多得半份的份額，而且他很有可能成為Kapo的朋友和親信，可以從Kapo那兒正式收到廢棄的衣服和鞋子。而尚是個傑出的Pikolo。他很機靈而且體格強壯，同時又溫和友好：他在內心深處單槍匹馬、勇敢而頑強地對抗著集中營和死亡，儘管如此，他並沒有忘了要跟較為弱勢的伙伴維持良好的人際交流；另一方面，他非常能幹且堅忍不拔，成功地贏得了Kapo亞歷克斯的信賴。

亞歷克斯兌現了他全部的承諾。他展現出自己身為一頭殘忍卑鄙的野獸的一面，無知和愚昧構成了他那堅不可摧的鎧甲，但他有著敏銳的嗅覺，以及作為一個專精而經驗

❶ 德語，意為「嘿，小伙子，有啥新鮮事」。

❷ 法語，意為「今天有哪種湯」。

豐富的獄卒的高超技巧。他從未放過任何炫耀他的純正血統和綠三角標誌的機會，並睥睨鄙視他手下那些衣衫襤褸、飢腸轆轆的化工專員：Ihr Doktoren! Ihr Intelligenten! ❸每天，當他看見他們拿著湯碗爭先恐後地要去領飯時，他就猙獰地狂笑不止。在平民師傅面前他極盡卑躬屈膝之能事，一副百依百順的模樣；跟SS之間則保持親近又友好的關係。

他顯然因為小隊的登記簿和日常工作報表而戰戰兢兢，而Pikolo便是相中這一點，藉此讓自己成為他身邊不可或缺的人。那是一項緩慢、細心而縝密的工作，整個化工小隊屏息關注了一整個月；但最後刺蝟卸下了戒心，Pikolo在他的職位上站穩了腳步，牽涉在內的所有人皆大歡喜。

我們原本就能察覺到尚並不是一個濫權的人，他在適當的時刻，以適當的口吻說出來的話，往往很有份量；他已經多次出手營救我們當中的某些人，讓他們免受鞭打或被舉發到SS。一個星期以來，我們已成了朋友：我們是在一次空襲警報的特殊機會中發現彼此的，但後來受制於集中營那慘無人道的生活節奏，我們只能在廁所、浴室裡匆匆地打個照面。

一隻手攀著擺動的繩梯，尚指著我說——Aujourd'hui c'est Primo qui viendra avec moi chercher la soupe ❹。

直到前一天，這差事都是由斜視的特蘭西瓦尼亞人斯坦所擔任；現在他已經因為一件我不太清楚來龍去脈的倉庫掃把竊盜案而失格了，於是尚便順勢將我推舉為Essenholen❺助手，負責每天開飯的事宜。

他爬到外面，而我跟著他，白日的陽光照得我眼睛眨個不停。外頭是溫暖的，油膩的土地在陽光的照耀之下微微發出油漆和焦油的氣味，令我想起了兒時夏日的某個海灘。Pikolo將兩枝木杆的其中一枝給了我，我倆便頂著六月明亮的天空上路了。

我開始向他道謝，但他打斷了我，他說不需要。放眼望去，看得見白雪皚皚的喀爾巴阡山。我呼吸著新鮮的空氣，感覺異常輕盈。

——Tu es fou de marcher si vite. On a le temps, tu sais. ❻

領湯的地方大約一公里遠，我們得將湯鍋架在兩根木杆上抬回來。那是一項辛苦的工作，但去的時候是空著手的，輕鬆愉快，而且可以有接近廚房這種令人求之不得的機會。

❸ 德語，意為「各位博士啊！聰明的各位！」。

❹ 法語，意為「今天由普利摩跟我一起去領湯」。

❺ 德語，意為「取得食物」、「領飯」。

❻ 法語，意為「你瘋了不成，幹嘛走這麼快。我們有的是時間，你知道的」。

我們放慢腳步。Pikolo是個專家，他原本慎重地選好了路，這樣我們就可以繞一大圈，至少走個一小時，而不會令人起疑。我們聊到我們在史特拉斯堡和杜林的家，聊我們讀的書、聊我們的學業。聊我們的母親：天下的母親都多麼地相似啊！他的母親也會叨唸他老是不知道自己口袋裡有多少錢；假使他的母親知道他在這裡日復一日承受煎熬，但終究熬了過來，就連她也會感到詫異。

一個SS騎著單車過來了。那是棚屋長魯迪。停，立正，脫帽。**Sale brute, celui-là. Ein ganz gemeiner Hund** ❼。對他來說，講法語或德語都無所謂嗎？無所謂，他可以用兩種語言思考。他在利古里亞待過一個月，他喜歡義大利，他想學義大利語。我會很樂意教他義大利語，但我們可否這麼做？可以。甚至可以立刻開始這麼做，做什麼都一樣，重要的是不要浪費時間，不要浪費眼前的這個小時。

羅馬人利門塔尼蹣跚地走了過來，以外套掩飾，腋下夾著一個湯碗。尚專心地聽著，他抓住對話中聽到幾個詞，邊笑邊重複——**Zup-pa, cam-po, ac-qua** ❽。

弗倫克走了過來，他是個告密的奸細。加快腳步離開吧，這種人防不勝防，他害人不需要理由。

尤利西斯之歌……天知道這如何又為何來到了我腦海中：但是我們沒有做選擇的時

間，只剩不到一個小時。要是尚夠聰明，他自然會明白。他會明白，今天我充滿靈感。……但丁是誰？《神曲》是什麼？如果要在很短的時間內解釋《神曲》是什麼，能激起幾分好奇的新鮮感呢？地獄的結構為何？何謂罪罰相當？維吉爾是理性，貝緹麗彩❾是神學。

尚聽得全神貫注，於是我緩慢而仔細地吟誦了起來：

古焰聽後，較大的一條火舌
喃喃自語間就開始晃動扭擺，
恰似遭強風吹打而震顫敧側；
然後，火舌把頂端搖去搖來，
像一條向人講話傾訴的舌頭，

❼ 法語與德語，意為「那是個卑鄙骯髒的傢伙。死性不改的一條狗」。
❽ 義大利語，意為「湯、營地、水」。
❾ 譯者注：貝緹麗彩原文為Beatrice，是但丁所仰慕的一名女子，在《神曲》的最後，貝緹麗彩接替拉丁詩人維吉爾為但丁擔任嚮導。

甩出一個聲音，說道：「早在……[10]」

我停在這裡，試著把詩節翻譯出來。真糟糕：可憐的但丁！我那詞窮的法語！然而，似乎可以借助於經驗：尚非常讚賞兩種語言間那種詭異的相似性，並提示我適當的措辭，以讓譯文顯得「古樸」。

而「早在」的後面呢？一片空白。一個記憶斷層。「在埃涅阿斯為卡耶塔命名前」又一個記憶斷層。某些無用的隻字片語浮現在腦海裡：「……無論是對老父盡孝，或能令潘妮洛碧感到快樂的夫妻之愛……」這樣是否正確？

……這使我航向遼闊的大海。[11]

這句我很有把握，我能夠向尚解釋為何這裡說「使我航向」而不是「我航向」，這麼說更有力、更大膽，是衝破束縛，是縱身去到障礙的另一側，我們非常認識這種衝勁。深邃而無邊無際的大海：尚曾在海上航行過，他知道這意味著什麼，一望無際的天際是那麼地自由、筆直而單純，海水的氣味之外沒有別的——遙不可及的甜美記憶啊。

我們走到了 Kraftwerk[12]，在那裡工作的是裝設電纜的 Kommando。李維工程師想必在那兒。我看見他了，只看見他露在壕溝外的腦袋。他用手向我比畫了一下，他是能幹的人，我從沒見過他心情低落，他從不談論吃喝。

「遼闊的大海」，「遼闊的大海」。我知道它跟「離棄」一詞押韻：「……伴我航行的一小群士兵，就此對我未曾離棄」但我不記得它在前面還是後面。還有那趟旅程，那趟跨越海克力斯之柱的驚險旅程，真可惜，我不得不以散文敘述——真是一種褻瀆。我只記得一句完整的詩句，不過值得停下來吟誦它：

……讓後來的人不致航向那之外⓭……

「航向」：來到集中營之後，我才發現這跟前面的「使我航向」根本是同一件事。但是我並沒有對尚提及此事，我不確定這個見解是否重要。有多少其他的東西要說啊，而太陽已高掛在天空中，就要中午了。我很急，急得氣急敗壞。

❿譯者注：引用自但丁《神曲》地獄篇第二十六章第八圈第八溝第八十五至九十節詩。
⓫譯者注：《神曲》地獄篇第二十六章第一百節詩。
⓬德語，意為「發電站」。
⓭譯者注：《神曲》地獄篇第二十六章第一〇九節詩。

Pikolo啊，請你豎起耳朵、敞開心胸專心聆聽，敞開你的耳朵和你的頭腦，我需要你聽懂：

試想你們有什麼樣的天性：你們並非生來苟安如禽獸，而應崇尚美德與知識。⓮

彷彿我自己也是頭一次聽到一般——這就像一聲號角，像上帝的聲音。霎時間我忘了自己是誰與身在何處。

Pikolo央求我再重複一遍。尚人真好，他發現這對我有益處。又或者不僅只於此：也許他領略到了意境，儘管譯文蒼白無力，評論也草率枯燥，也許他感受到這與他息息相關，與所有的受苦之人休戚相關，尤其與我們這類人有關；而這也與我倆有關，用木杆將湯扛在肩上還膽敢思考這一切的我倆。

我這三言兩語讓我的同伴躍躍欲試……⓯

……而我試圖解釋「躍躍欲試」一詞在這裡有多麼意味深長，但徒勞無功。又是一個記憶斷層，無可彌補的斷層。「……輝光在月亮底部」云云；但那之前呢？……毫無線索，正如這裡人們所說的：keine Ahnung[16]。我至少忘了四節三行詩，希望 Pikolo 會原諒我。

——Ça ne fait rien, vas-y tout de même[17].

有座山出現在我眼前，
山形因距離而晦暗；
巍峨高聳至此的山，我似乎未曾見過。[18]

是的，是的，是「巍峨高聳至此」，而非「如此巍峨高聳」，是結果從句。而山脈，遠觀山脈時……山脈……我說 Pikolo 啊，你說點什麼吧，說話啊，別讓我思想起家鄉的山脈，從前我從米蘭乘火車回杜林的旅程中，夜幕裡出現在我眼簾的山脈！

⑭ 譯者注：《神曲》地獄篇第二十六章第一一八至一二〇節詩。
⑮ 譯者注：《神曲》地獄篇第二十六章第一二一節詩。
⑯ 德語，意為「沒印象」、「不知道」。
⑰ 法語，意為「不要緊，你只管繼續講下去」。
⑱ 譯者注：《神曲》地獄篇第二十六章第一三三至一三五節詩。

夠了，得繼續讀下去，這些事只能在心裡想，但不能傾訴。Pikolo望著我，等待著。我願意以今天的菜湯為代價，只求將那句「我似乎未曾見過」與詩節的結尾連接起來。我閉上眼睛，啃咬手指，努力地想藉由韻腳重組詩句，但這無濟於事，絲毫沒有動靜。但我的腦海裡激盪起其他的詩句：「……淌淚的大地颳起一陣風[19]……」不對，這是另外一段。晚了，已經晚了，我們已抵達廚房，我得要收尾：

一連三次撞得它隨大浪旋轉，
到了第四次，按照神的旨意，
船尾上彈，船頭下沉……[20]

我拉住了尚，趁著為時未晚，我得讓他聽見並聽懂這句「按照神的旨意」，這絕對必要而迫切，因為明天，不論是我或是他，我們都可能會死，或彼此再也無法相見，我必須告訴他，向他解釋中世紀，解釋那令人意想不到卻又如此人道而必要的時空錯置，還有其他事到如今我才在片刻間的直覺中所瞥見的某種個巨大的東西，也許這能夠解釋為何我們面臨此種命運，為何今天我們身在此處……

現在我們排在領湯的隊伍裡，置身於其他 Kommando 派來領湯的那些汙穢不堪、衣衫襤褸的人群中。新趕到的人擠到我們身後，Kraut und Rüben ㉑？Kraut und Rüben，有人正式宣布，今天吃的是包心菜和蘿蔔菜湯：Choux et navets. Káposzta és répak ㉒。

直到大海再次將我們淹沒。㉓

⑲ 譯者注：《神曲》地獄篇第三章第一三三節詩。

⑳ 譯者注：《神曲》地獄篇第二十六章第一三九至一四一節詩。

㉑ 德語，意為「包心菜和蘿蔔」。

㉒ 法語和匈牙利語，意為「包心菜和蘿蔔」。

㉓ 譯者注：《神曲》地獄篇第二十六章第一四二節詩。

夏天裡的事

整個春天，陸續有匈牙利人被送來；每兩個囚犯中就有一個是匈牙利人，匈牙利語成為營地裡繼意第緒語之後的第二大語言。

一九四四年八月，五個月前進到集中營的我們已算是營裡的長者了。眼看他們做出種種承諾而我們通過化學考試之後不了了之，身為九十八號 Kommando 成員的我們沒有一絲訝異——我們既沒有過度吃驚，也沒有過度傷心——說實在的，我們都對改變抱持著一定的恐懼：「若有改變，只會變得更糟」營裡有句諺語如是說。再說，一般而言，經驗已向我們證明了無數次，所有的預期都是徒然的：如果我們的每個舉動、每句話都無法產生絲毫的影響，那又何必去預測未來折磨自己？我們是資深的囚犯，我們具有「不費心去理解」的智慧，不設想未來，不去擔心這一切將在何時、以何種方式結束——不向別人，也不向自己提出任何問題。

我們仍保存著有關過往生活的回憶，那是些模糊而遙遠的回憶，因而帶著深沉的甜蜜與悲傷，就好像所有人記憶中，有關幼年和一去不返的種種事物一般；另一方面，進入集中營的回憶則坐落在一系列不同的回憶的源頭，這是些近在咫尺而艱辛痛苦的回憶，並不斷地被眼前的經驗所印證，如同每天重新裂開的傷口。

從工地那裡聽說，有關聯軍在諾曼第登陸、蘇聯的反攻以及暗殺希特勒未遂的消息，激起了一陣陣激烈而短暫的希望。一天又一天，每個人都感到自己的體力在流失、求生意志在消融，頭腦漸漸昏沉；諾曼第和蘇聯是那麼地遙遠，冬天卻如此接近；飢餓和荒涼如此具體，其他的一切如此不真實，彷彿除了我們這個泥濘的世界，除了我們這個了無生氣、靜如死水的時間之外，似乎並不可能還有一個真正的世界和時間存在，如今我們已無法想像這一切將有終時。

對於活人來說，時間的單位總是有一種價值，一個人體驗那些時間單位的能力越高，那價值便越大；但對我們來說，時、日、月從未來麻木地湧向過去，而且總是過於緩慢，我們只想設法盡早擺脱這種卑微而多餘的物質。我們曾充滿活力地追逐那珍貴而不捨晝夜的每一天，但那個年代已經宣告結束，未來彷彿一道無法跨越的屏障，黯淡而模糊地擋在我們眼前。對我們而言，歷史早已終止。

但一九四四年八月，開始了對上西里西亞的轟炸，並斷斷續續地持續了整個夏季和秋季，直到引發最後的危機。

布納工廠那殘暴不仁而齊心合力的孕育工事突然停了下來，並立刻退化成一種支離破碎、狂亂的、陣發性的活動。八月，本來應該開始生產合成橡膠的那一天眼看就要來到，卻不斷地被延遲，最後德國人不再談論此事。

建造工作也停止了；羊群般多不勝數的奴隸也將力氣轉移到別處使用，並且一天比一天更好鬥，凝聚了更多消極的敵意。每次空襲之後都會有新的故障要修復；必須拆解卸下幾天前才辛苦地發動的精密機器；還得匆匆地架設起避難所和保護措施，而下一次的空襲總毫不客氣地證實一切措施不堪一擊且徒勞無功。我們曾經以為，比起運作中的布納工廠裡那單調、千篇一律、煩悶冗長的日子，比起它那有條不紊、整齊劃一的慘澹生活，任何的一切都是更好的；但當布納工廠彷彿遭受詛咒般當著我們的面開始瓦解崩壞，身歷其境的我們不得不改變想法。我們在灼熱的塵埃和碎磚瓦礫間揮汗勞動；戰機呼嘯而過時，我們彷彿顫抖的野獸般匍匐在地；晚上我們回到營地，在波蘭多風的漫漫長夜裡，我們筋疲力竭，乾渴難耐，而我們看見營地裡一片狼藉，沒有可以拿來飲用和漱洗的水，沒有湯可以填飽肚子，沒有照明而無法防範餓肚子的人將自己的麵包搶走，早晨時在充滿尖叫的棚屋中摸黑尋找衣服與鞋子。

在布納工廠工作的德國平民開始張牙舞爪，長久以來，這些原本高枕無憂的人作著自己叱吒風雲的夢，如今夢醒了，驚見自己的毀滅，他們無法理解而陷入狂躁。就連集中營裡包括政客在內的德意志子民也在危難當頭時感受到了血緣與地緣的連結。新的現實將錯綜複雜的仇恨和隔閡化繁為簡，重新將集中營劃分為兩大陣營：政治犯、綠三角和SS成員在我們每個人的臉上看見了——或以為自己看見了——報復性的嘲笑和不懷好意的竊喜神情。他們一致有此看法，因而凶狠倍增。

如今沒有任何德國人會忘記我們屬於另一陣營：我們跟那些淩駕一切防線，在德國領空上呼嘯轟炸的主子是同一個陣營的，那些人摧毀他們親手建設的一切，日復一日，他們長驅直入進入他們的家園，在德意志民族那從未被異族侵犯過的家園裡大肆屠殺。

至於我們，飽受摧殘的我們已無力害怕。少數仍保有正確的判斷力和感知力的人從聯軍的轟炸中重新找到了力量與希望；還未因飢餓而徹底淪為廢人的人，經常在所有人驚慌失措時趁亂到工廠廚房和倉庫，進行格外冒險的探訪（因為，除了空襲的直接風險之外，在緊急情況下進行竊盜者會被處以絞刑）。然而大多數人繼續以慣有的麻木冷漠忍受著新的危險與不適：那並非是帶有自覺的聽天由命，而是野獸被毆打馴服之後的渾沌無感，如今再怎麼毆打，他們都渾然不覺了。

我們被禁止進入有設置裝甲的防空洞。大地開始顫動時，我們茫然而蹣跚地拖著步伐，穿越煙霧彈發出的腐蝕性濃煙，步行到布納工廠圍牆裡未經開墾的寬闊空土地，我們一動也不動地趴在那骯髒而荒蕪的土地上，像死人般地彼此堆疊在一起，但仍能感受到肢體暫時得以歇息的一陣愜意。我們以無聲地目光看著煙柱和火龍在我們四周肆虐：轟炸暫停的時候，到處震盪著一種微弱而可怕的嗡嗡聲，那是每個歐洲人所熟悉的，我們從被踐踏了千百次的土地上，挑選生長得很稀疏的菊苣和甘菊，反覆咀嚼，長久沉默不語。

警報結束後，我們各自回到自己的崗位，多不勝數的沉默羊群，習慣了被人和物蹂躪的芻狗；我們又重新做起一直以來的工作，它跟往常一樣令人憎惡，而如今更顯得毫無用處且毫無意義。

在這個每天都因末日逼近而愈發驚恐震顫的世界裡，在新的恐懼和希望和每況愈下的奴役的間歇之間，我偶然遇見了羅倫佐。

有關我與羅倫佐間的故事既漫長又短暫，平淡而神祕，是已被現今一切現實抹去的一個時代，和一種處境下所發生的故事，因此除非以今日人們理解傳說中和遠古事實的方式，我不認為這段故事能為人所理解。

具體來說，這段故事就顯得非常簡單了：一個義大利籍的民工一連六個月，天天帶一塊麵包和他吃剩的飯來給我；他把自己一件滿是補丁的毛衣送給了我；替我寫過一張寄往義大利的明信片，並讓我取得了回信。而關於這一切，他既沒要求也不接受酬勞，因為他生性善良簡樸，他不認為做好事是為了換取酬勞。

這一切絕非微不足道。我的這個案例並非個案；如同先前已提過的，其他人也跟民工們有著各種關係，並從中取得藉以維生的物資——但那些是不同性質的關係。我們的伙伴以一種曖昧而別有所指的口氣談論這種關係，就好像一般世界的男人們談論他們和女人間的關係時那樣，換句話說，他們彷彿在談論著很了不起、讓別人忌妒羨慕的風流韻事，不過，就算以最粗俗的觀念來看，那都是些不怎麼合法與磊落的關係，因此過分得意地談論那些關係既不正確也不恰當。囚犯們便是以這種方式談論他們的「保護者」和「朋友」：格外地謹慎小心，不指名道姓，為了不連累他們，更為了避免引來競爭對手。像翁希那樣最老奸巨猾的職業騙子則對此絕口不提；他們為自己的成功營造出一種神祕的氣息，只會稍作暗示和影射，處心積慮地在聽眾的心目中編造出一種模糊而觸人心弦的傳奇故事，要人以為他們蒙受極其有勢力又慷慨的平民的庇護。這麼做有個明確的目的：懂得營造出幸運的名聲能給人帶來重大的效益，就如同我們先前在別處已經說過的那樣。

身為誘拐能手、有門道者的聲譽會引起別人的嫉妒、嘲弄、蔑視和欽佩。被撞見在吃「透過門道」而取得的東西的人會遭到嚴厲的譴責；這不只是一種明顯的愚行，而是不知羞恥和不分輕重的舉動。同樣的，問人「是誰給你的？」、「你在哪找到的？」、「是怎麼辦到的？」也是愚蠢而莽撞的行為。只有那些編號數字很大的傢伙，那些無用且無助、對集中營的規矩一無所知的傻瓜才會問這類問題。對於這類問題，人們不予以回答，或以 Verschwinde, Mensch! ❶、Hau' ab ❷、Uciekaj ❸、Schiess' in den Wind ❹、Va chier ❺等作為回答；總之就是用集中營裡許許多多相當於「滾邊去」的俚語作為答覆。

還有人專門從事複雜而耐心的間諜活動，以找出那人所倚靠的平民或平民群體，接著便想方設法以各種方式取而代之。由此衍生出沒完沒了的有關先後高低的爭端，而這對於落敗的一方而言顯得格外苦澀，因為相較於一個初次接觸的民工，跟一個已經「磨合過」的民工打交道大多比較有利可圖，而且比較可靠。以感情和技術層面而言，這種民工顯然比較有價值——他已經知道「門道」的根基、規矩及其風險，此外他也已證實了他能超越階級種姓的隔閡。

確實如此，對於平民來說，我們是碰不得的賤民。平民們或多或少地表現出程度不一的蔑視和憐憫。他們認為我們鐵定是犯下了某些不可告人、無可洗刷的深重罪孽，才會被處罰過這樣的生活，淪落到此種處境。他們聽見我們用許多不同的語言交談，那是些他們聽不懂的語言，聽起來詭異陌生，如同動物發出的聲音；他們看到我們卑躬屈膝地為奴，剃著光頭，沒有尊嚴，沒有名字，天天挨打，一天比一天不堪，而在我們的眼裡，從來看不見絲毫帶有反抗、平靜，或虔誠的目光。他們視我們為汙穢不堪、衣衫襤褸、飢腸轆轆的盜賊和歹徒，倒果為因地認定我們之所以淪落至此想必都是自作自受。誰能夠區分我們的面孔？對他們來說，我們都是 Kazett❻，中性的單數名詞。

當然，這並不妨礙他們之間的許多人三不五時向我們扔塊麵包或丟顆馬鈴薯，或者在工地分派完民工菜湯之後將他們的湯碗交給我們，讓我們刮乾淨、洗好後歸還。他們有意無意地這麼做，是為了擺脫身邊那充滿飢餓的煩人目光，或由於霎時間的一股人道衝動，或者僅僅是出於簡單的好奇心，想看看我們如何從四面八方蜂擁而至，畜生般毫無顧忌地彼此爭食，待勝出的強者將食物吞下，其他人就垂頭喪氣、步履蹣跚地走開了。

❶ 德語，意為「消失吧！」。
❷ 德語，意為「滾開」，應寫作 Hau ab。
❸ 波蘭語，意為「滾開」。
❹ 意為「滾遠一點」，現代德語寫作 Schieß in den Wind。
❺ 法語，意為「滾開，大便」。
❻ 德語，意為「集中營」，Konzentrationslager 集中營的縮寫，德語發音與 KZ 相同。

而羅倫佐和我之間沒發生過這樣的事。我不知道特別說明這一點能有幾分意義，但究竟為何我能在成千上萬與我類似的人當中通過了考驗而得以倖存，我認為，我今天還活著，這都得歸功於羅倫佐；不光是因為他在物質上提供給我的幫助，更因為他以他的存在，以他那種樸實自然的善良，不斷地提醒我在我們這個世界以外仍然存在著一個正義的世界，還存在著純潔、完整、不腐敗、不野蠻、未被仇恨和恐懼玷汙的人與事；還存在著一種難以定義的東西，一種遙不可及的善的可能，為此，我們應該保重自己。

本書書頁中的人物不是人。他們的人性已被埋葬，或許是他們自己在遭人淩辱和淩辱他人時親手將它埋葬的。從惡毒又愚蠢的SS、Kapo、政客、罪犯、大大小小的特權分子，一直到未分類的囚犯和奴隸，德國人一手打造出這種喪心病狂的階級體系，其所有階級因一種內在的荒涼而弔詭地形成一個整體。

但羅倫佐是個人。他的人性純潔無瑕，他置身於這個消極的世界之外。多虧了羅倫佐，我才沒有忘記我自己是個人。

一九四四年十月

為了讓冬天不要來臨，我們全力拚搏。我們緊緊抓住每時每刻的溫暖，每次日落，我們都試圖讓太陽在天空中多停留些時間，但是這一切都沒有用。昨天傍晚，太陽無可挽回地沒入了一片汙濁的霧霾、煙囪和纜線間，今早已是冬天。

我們知道這意味著什麼，因為去年冬天我們已經來到此處，其他人很快就會對此有所體會。這意味著，在十月到四月的這幾個月裡，我們當中十個人裡有七個會死去。沒死的也會分分秒秒日日受苦，日復一日：從黎明前的清晨開始直到晚上發湯的時候，為了抵禦寒冷，肌肉得不斷保持緊繃，雙腳得像跳舞般不斷交替站立，不斷拍打腋下；得用麵包去換取手套，手套一旦脫線，還得犧牲好幾個小時的睡眠時間進行修補。由於天氣已經冷得無法在外頭吃飯，我們不得不在棚屋裡吃飯，站著吃，每個人都只有巴掌大的立足之地，倚靠床鋪是禁止的。所有人手上的傷口都會裂開，想包紮傷口，就得每晚在風雪交加的戶外裡站上好幾個小時。

我們的飢餓並非少吃了一頓飯的那種感覺，同樣地我們受凍的方式也需要一個特別的名字。我們所說的「飢餓」，我們所說的「疲勞」、「恐懼」和「痛苦」，我們所說的「冬天」指的是全然不同的事。這都是些自由詞，是由那些在自己家裡生活著、享受著、痛苦著的自由人所創造和使用的詞語。假使集中營持續了更長的時間，一種全新的、尖刻的語言就會誕生，人們會感覺有必要使用那種新的語言，才能解釋何謂自知死期不遠並只穿著襯衫、襯褲、夾克和帆布長褲，拖著虛弱的身體飢腸轆轆地在零度以下的寒風裡辛苦勞動一整天。

就這樣，人看見希望的破滅，就這樣，今早冬天來了。我們走出棚屋前往漱洗時意識到了此事：天上沒有星星，冰冷漆黑的空氣有股雪的氣味。天剛亮的時候，在點名廣場上集合的人群中，沒有人說話。當我們看到初雪的雪花時，我們心裡想的是，去年此時要是他們對我們說我們還要在集中營裡待到下一個冬天，我們就會去觸摸通了電的鐵絲網，而如果我們是理性的，若非還殘存著一種無以名狀、不可理喻的瘋狂希望，我們現在也還會去觸摸鐵絲網的。

因為「冬天」還意味著別的。

去年春天，德國人在集中營的空地上搭建了兩個巨大的帳篷。兩個帳棚在春天的大好季節裡分別收留了一千多人。如今帳篷已經拆了，多出來的兩千多個人於是擠到了我們的棚屋裡。我們老囚犯都知道德國人不喜歡這種脫序的情形，很快就會發生一些事，以減少人數。

傳來了即將進行淘汰的風聲。一次，兩次，許多次，人們在各種陌生語言的談話間聽見穿插於其間的 Selekcja，這個集拉丁文和波蘭文於一體的混種詞語；起初的時候人們還無法分辨這個詞，後來它攫獲了我們的注意力，最後成了我們揮之不去的噩夢。

今天早上，波蘭人在說 Selekcja。波蘭人是最早得知這個消息的，通常他們不讓消息傳開，因為掌握某些其他人還不知道的消息總是會有好處的。等到所有人都知道淘汰已迫在眉睫，用麵包或煙草賄賂某個醫生或某個特權分子；在準確的時間點，從棚屋轉進 **Ka-Be** 或相反，以便順勢錯過委員會；此類可以試試運氣躲開淘汰的小伎倆早已被他們一手掌控。

在接下來的日子裡，集中營和工地裡都充斥著 Selekcja 的氣氛：沒有人知道明確的事實，但人人都在談論，甚至連我們工作時，暗地裡去見的波蘭、義大利、法國民工也在談論。不能說這帶來了一股灰心喪志的浪潮。我們集體的精神狀態太過於混濁而淡定，而無從顯得不穩定。與飢餓、寒冷和勞動之間的抗爭讓人沒什麼思考的餘地。每個人各有自己的反應方式，但幾乎沒有人採取那些較為合理而因此較為實際——即認命與絕望——的態度。

有資源的人就動用資源；不過這麼做的人很少，因為避開淘汰非常困難，德國人分外認真而勤奮地進行這些事。

沒有物質資源的，就尋求其他方法保衛自己。在廁所中，在浴室裡，我們相互露出胸膛、臀部、大腿，伙伴們安慰我們說：你可以放心，這次一定不會輪到你……淪為 **Muselmann** ❶……我倒是很有可能……這時換他們脫下長褲，掀起襯衣。

沒有人拒絕給別人這種施捨：沒有人對自己的命運胸有成竹到有勇氣判決他人。我也厚顏無恥地向老韋特海默撒了謊，我告訴他，如果他們盤問他，他必須回答自己四十五歲，而且就算得賠上四分之一個麵包也別忘了要在前一天晚上讓人幫他把鬍子刮乾淨；我還告訴他除此之外他沒什麼好害怕的，況且，根本沒法確定被選中的人會被送去毒氣室：難道您沒有從 **Blockältester** 那兒聽說到被選中的人是要送去亞沃日諾療養營嗎？

韋特海默還抱持著希望，這是荒謬的。他看上去六十歲，有糾結顯眼的靜脈曲張，幾乎感覺不到飢餓了。然而，他仍然平靜祥和地走去臥舖，對於那些向他提問的人，他

❶ 德語，字面意為「穆斯林」，但並非指真正的穆斯林，而是集中營內用來稱呼弱小、無能的人。

就用我的話來回應；這是這幾天營裡流行的口號：除去某些細節不說，我自己也重覆著這些我從沙吉姆那兒聽來的話。沙吉姆來到集中營已經三年，而他因為身強體壯，對自己出奇地自信滿滿，我就採信了他的話了。

在這個微乎其微的基礎之上，我自己也帶著一份不可思議的平靜通過了一九四四年十月的大淘汰。我之所以能淡然處之，是因為我成功地做到了一定程度的自欺。我沒有被篩選淘汰一事純屬偶然，並不代表證明我的信心有任何依據。

按理說，潘克先生也是必然要被淘汰的：只要看他的眼睛就知道了。他向我點頭示意把我喚了過去，並以一種吐露心事的口吻，將他從不可告人的消息來源那兒所得知的祕密告訴我，他說事實上這次的淘汰跟過往的有所不同：因為教廷透過國際紅十字會……最後，他親自保證，無論是他自己還是我，是絕對會被排除在危險之外的：眾所皆知，他還是平民時在華沙的比利時大使館擔任雇員。

因此，即使是在淘汰前夕的幾天裡，這些敘述起來似乎應該顯得煎熬不堪、超越任何人類極限的日子，從多種角度看來最後顯得也跟平常的日子沒什麼太大的不同。

集中營和布納工廠的紀律絲毫沒有鬆懈，光是勞動、寒冷和飢餓就佔據了我們所有的注意，沒有空間想別的。

今天是Arbeitssonntag❷，要工作的星期天：人們一直工作到下午一點，然後回到營地淋浴、刮鬍子、全體接受疥瘡和蝨子的檢查，而在工地裡的時，以神祕的方式，所有人都得知了淘汰將在今天進行。

消息傳來時，一如既往地被籠罩在一些疑點和矛盾的細節裡。今天早上在Ka-Be裡就進行了一次淘汰；淘汰的比例是總人數的百分之七，病患中的百分之三十至五十。在比克瑙，火葬場的煙囪已經連續十天在冒煙了。那應該是為了從波茲南猶太人隔離區運送來的大量猶太人所安排的。年輕人之間謠傳著，所有的老年人都會被淘汰。健康的人之間謠傳著，只有病人才會被淘汰。專業人士將被排除在外。猶太裔德國人將被排除在外。號碼小的將被排除在外。你將會被淘汰。我將被排除在外。

一如平常，從下午一點整開始，工地裡空無一人，長長的灰色人流花兩小時通過兩個檢查站，我們每天都在那兒被清點，在樂隊的前面，點了一次又點一次，兩小時不間斷的演奏，而我們必須配合進行曲的節奏踏步行進。

❷ 德語，意指「要工作的星期天」。

一切似乎就好像每天那樣，廚房的煙囪照常冒著煙，已經開始發湯。但之後我們聽見鐘聲響起，於是我們明白時候到了。

因為這種鐘聲一般而言是在黎明時響起的，那是起床鐘，但如果它在正午響起，那就是 **Blocksperre** ❸，意味著大家得關在棚屋裡，而這往往發生在進行篩選時，以防止任何人逃脫，並讓被選中的人啟程前往毒氣室時不被任何人看見。

我們的 **Blockältester** 知道自己的職責。一旦確定所有人都進了棚屋，他就叫人把門鎖上，把上面寫有編號、姓名、職業、年齡和國籍的卡片發給大家，並命令所有人脫光衣服，只穿鞋子。就這樣，我們手裡拿著卡片，赤裸裸地等著委員會來到我們的棚屋。我們是四十八號棚屋，但無法預料他們會從一號或六十號棚屋開始篩選。無論如何，我們至少有一個小時的時間可以安心地待著，而且沒有理由不趁機鑽進被窩裡取暖。

有很多人已經開始打瞌睡了，突然間傳來一陣指令、咒罵和敲打聲，這代表委員會已經來到。**Blockältester** 拳打腳踢、大吼大叫地將一大群光著身子、驚恐不已的囚犯從宿舍的一頭驅趕到前面，讓他們擠進 **Tagesräume**，即行政管理部門。那是一間長七公尺寬四公尺的小房間：當所有人都被趕進去以後，一大群人在 **Tagesräume** 裡被壓縮成溫暖而密實的一團東西，侵入並完完全全地填滿了所有的角落，將木質的牆壁擠得嘎吱作響。

現在我們所有人都擠在 Tagesräume 裡，既沒有時間也沒有空間可以感到恐懼。四周都被溫暖的肉體所擠壓，這種感覺非常獨特，而且不令人討厭。必須將鼻子往上抬高，才吸得到空氣，還得小心不要弄皺或弄丟手裡的卡片。

Blockältester 關上了 Tagesräume 和宿舍之間的門，接著將 Tagesräume 和宿舍向外的另外兩個門打開。裁決我們的命運的人就在這兩扇門的前面，他是SS的一名士官。Blockältester 在他的右手邊，棚屋的軍需官則在他的左手邊。我們所有人都光著身子從 Tagesräume 走到十月冰冷的空氣中，必須快步通過兩門之間，去到這三個人的跟前，將卡片交給親衛隊官員，再從宿舍的門進去裡面。親衛隊官員就在兩個接連通過的人所間隔的一秒鐘之內，朝每個人的臉和背影瞄個一眼，就此判決了每個人的命運，接著他將卡片遞給右手邊的寢室長或左邊的軍需官，這便是我們每個人的生與死。在三到四分鐘內，整個棚屋的兩百人就這樣「搞定」了，下午的時候，整個營地的一萬兩千人也全數處理完畢。

❸ 德語，意為「關閉棚屋、排房」。

在 Tagesräume 的人肉堆裡動彈不得的我，感覺自己四周的壓力漸漸減緩，很快就輪到我了。就像所有人一樣，我以強勁有力的步伐通過，盡可能地抬頭挺胸，展現結實的肌肉。我試著用眼角餘光向後掃視，似乎看見我的卡片被遞向了右邊。

我們陸續回到宿舍，可以重新穿上衣服了。還沒有人確切地知道自己的命運，得先弄清楚被判處死刑的是交往左邊或右邊的卡片。如今已不是互相取暖，或抱持任何迷信忌諱的時候了。所有人都擠在最年長、最孱弱、最像「穆斯林」的人的周圍；如果他們的卡片被交到了左邊，那麼左邊必定是被判處死刑的一邊。

在篩選完畢之前，大家都已經知道左邊就是 schlechte Seite ❹，不祥的一邊。當然也有例外，比如說薏內，他這麼年輕力壯，卻被分到了左邊，或許是因為他戴眼鏡，也許是因為他像近視的人那樣走路的樣子有點歪，但更有可能只是因為一個簡單的差錯：薏內是早我一個通過委員會面前的，也許發生了遞錯卡片的狀況。我想了又想，還跟阿爾貝托討論了此事，我們一致認為這個推測很可能符合事實——我不知道自己明天或來日會對此作何感想；今天這並沒在我內心激起任何確切的情感。

類似的差錯應該也發生在薩特勒身上了，二十天前，這個體魄強健的特蘭西瓦尼亞農民還待在自己家裡；薩特勒不懂德文，對所發生的事一無所知，他正待在一個角落修補他的襯衣。我該不該過去告訴他，他將不再需要那件襯衣？

這些差錯並不令感到訝異：檢查既快速又草率，況且，對於集中營的行政人員而言，重要的不是淘汰掉最無用的那些人，而是迅速地按照預先決定的百分比騰出空位。

我們這個棚屋的篩選已經結束，但其他棚屋仍持續進行篩選，因此我們仍然處在禁閉狀態。但由於裝湯的大鍋罐已經送來，寢室長毅然決定開始分湯。被篩選淘汰的人將分得兩份。我始終不知道這究竟是 Blockältester 出於荒謬的憐憫心自動自發所發起的行動，抑或是SS明定的一項規定，但確實是這樣的，在篩選到啟程之間那二到三天（有時甚至更久）的期間，莫諾維茨—奧斯維辛集中營的受害者享有這項特權。

齊格勒伸出湯碗，領到正常的配額，然後繼續待在那裡等著。「你還想要什麼？」Blockältester 問道。他不知道齊格勒有權多得一份，一把將他推開，但齊格勒又回去，卑微地堅持再要一份，他被分到左邊，大家都看到了，寢室長過去檢查卡片：他有權領雙份的湯。領到以後，他靜靜地走到床鋪那兒去用餐。

現在，每個人都專心地用湯匙刮著湯碗的底部，想把沾在碗上的殘餘物刮乾淨，於是一片金屬聲響由此誕生，這意味著一天已經結束。寂靜慢慢地佔了上風，這時我從位

❹ 德語，意為「不詳的一邊」、「不好的一邊」。

於第三層的鋪位上，看見並聽見老庫恩高聲地祈禱了起來，他頭戴貝雷帽，猛烈地晃動著上身。庫恩感謝上帝，因為他沒有被選中。

庫恩是一個沒心沒肺的人。他隔壁床鋪的希臘人貝波，二十歲年紀，後天就要去毒氣室了，貝波知道自己的命運，而他就在那兒躺著，盯著燈泡，不發一語，什麼也不想，難道庫恩沒看見他嗎？難道庫恩不知道下一次就會輪到他自己嗎？難道庫恩不明白今天發生了一件人神共憤的事，而任何以人的力量做得到的禱告、寬恕和赦免將永遠無法彌補這一切嗎？

如果我是上帝，我會一口將庫恩的禱告啐回人間。

克饒斯

下雨的時候，總令人想哭。現在是十一月，已經連續下十天的雨了，而大地就如同沼澤的底部，所有木製的東西都散發出一股霉味。

如果我可以向左走十步，就有頂棚可避雨；要是有一個布袋可以拿來遮擋肩背就好了；或者生個火將自己烤乾；或者能有一塊布，哪怕只是塊乾的破布，拿來塞在我的襯衣和背之間。一鏟與一鏟之間，我心裡這樣想著，並且真的相信能有一塊乾抹布就是真正的幸福。

現在我們已全身濕透；只能盡可能少地活動，尤其是不要做不同的動作，以免某塊皮膚不必要地接觸了濕透而冰涼的衣服。

幸好今天沒刮風。奇怪，無論如何，總有種幸運的感覺，總會有點什麼，即使是微不足道的小事，會讓我們駐足在絕望邊緣，讓我們繼續活下去。下著雨，可是沒有刮風。或者，下著雨又刮著風，但你知道今天晚上輪到你分得多餘的菜湯，於是今天你仍會找到力量支撐到晚上。或者，刮風、下雨，加上習以為常的飢餓，於是你心想，如果你真的活該如此，如果你心裡除了痛苦和煩惱之外別無其他，有時會這樣，這時，你感覺自己確確實實匍匐在深淵之底；好吧，即使是在這個時候，我們仍然認為，想要的話，我們可以在任何時候去觸碰通了電的鐵絲網，或縱身一跳，去到行進中的列車底下，那時雨也許就會停止不下了。

從今早開始，我們就被困在泥濘裡，兩腿叉開著站，雙腳陷在黏答答的泥坑裡動彈不得；每揮動一次鏟子，髖部就晃動一下。我在泥坑的半中央，克饒斯和克勞斯納則在底部，古南在我上面，地面的高度。只有古南能夠環顧四周，視路過的是誰，三不五時用單音節的聲音警告克饒斯加快挖掘的節奏，或者趁機休息片刻。克勞斯納挖土，克饒斯將土一鏟接著一鏟地遞上來給我，而我慢慢地將土遞上去給古南，然後由古南將它堆到一邊。其他人推著獨輪推車，來回穿梭，不知把土運往何處，那與我們無關。今天，這個泥坑就是我們的世界。

克饒斯一時失手，一團爛泥飛濺起來，黏到我的膝蓋上。這已經不是第一次發生了，我不抱持著多大的信心地警告他小心一點，他是匈牙利人，聽不太懂德語，對法語也一竅不通。他又瘦又高，戴著眼鏡，一張好奇的小臉蛋歪歪的；他笑起來像個孩子，而且很常笑。他幹太多活，而且幹得太用力，他還沒有學會我們對於一切能少就少的祕訣，如何少花點力氣，如何少動一些，甚至如何少動腦筋。他還不知道挨揍還比較好，因為人一般而言不會死於挨揍，但會死於過勞，而且死得很慘，而等到人意識到自己快累死的時候就為時已晚了。他還在思考……唉，並非如此，可憐的克饒斯，他這可不是在思考，而僅僅是小員工式愚蠢的誠實，他把這種誠實帶進了集中營，他以為在這裡就像在外面一樣得誠實地工作，而且理所當然地得這麼做，而且這麼做是有好處的，因為正如大家所說，做得越多，就賺得越多，也吃得越多。

——Regardez-moi ça!...Pas si vite, idiot! ❶，古南從上面發出咒罵；然後，他回過神把它翻譯成德語——Langsam, du blöder Einer, langsam, verstanden ❷？願意的話，克饒斯可以把自己活活累死，但今天不准，因為今天我們同在一個工作鏈，我們的工作節奏取決於他。

突然間，碳化廠的鈴聲響起，現在英國囚犯要下工了，四點半了。之後烏克蘭女孩會經過，屆時就是五點了，到時我們就可以挺直腰背，現在，阻擋在我們與休息之間的只剩下返程的路、點名和蝨子檢查了。

集合時間到了，囚犯從四面八方的 Antreten ❸；泥偶從四面八方拖著腳步而來，他們伸展著僵硬的四肢，將工具帶回棚屋。我們從泥坑裡抽出雙腳，小心翼翼地不讓木鞋吸附在上面，然後我們就搖搖晃晃、滿身大汗地去排好隊，準備回營去了。Zu dreien ❹，三人一排。我設法靠近阿爾貝托，今天我們沒能一起幹活，我們想相互詢問對方今天過得怎樣，但有人朝我胃的地方推了一把，我就落到後面去了，瞧，正巧在克饒斯的旁邊。

現在我們出發了。Kapo 用尖銳的聲音指揮我們的步伐：Links, links, links ❺；起初我們雙腳發疼，後來漸漸熱身了以後，神經就放鬆了。今天也是，這個今早還看似漫長無盡、難以征服的日子，我們已經穿越了它的每分每秒，這一天已經消逝，並且立刻被遺忘了，它已不再是一天，因為它沒在任何人的心裡留下痕跡。我們知道，明天將跟今天一樣，也許雨會下得稍微大或小一點，或許我們不是去挖地，而是去碳化廠搬卸磚塊。甚或明天戰爭可能就結束了，或者我們將全都被殺害，或被運送到另一個集中營，或者會發生自集中營建立以來，就有人不厭其煩地預測即將且終將發生的那種重大的變

❶ 法語，意為「看這傢伙！……做這麼快幹嘛，傻瓜！」。
❷ 德語，意為「做那麼快幹嘛，你這死傢伙，慢一點，懂嗎」。
❸ 德語，意為「集合」、「聚集」。
❹ 德語，意為「三人成一排」。
❺ 德語，意為「左，左，左」。

遷。但又有誰能認真思考明天呢？

記憶是一種奇妙的工具。自從我進到集中營裡，我很久以前的一位朋友所寫的兩句詩就浮現在我的腦海裡：

……終將有那麼一天，

已沒有意義再說什麼明天。

這裡便是如此。你知道集中營的俚語裡怎麼稱呼「永不」嗎？我們說 Morgen früh ❻，明天早上。

現在是 links, links, links und links ❼的時刻，是不能踏錯步伐的時刻。克饒斯笨手笨腳的，他已經被 Kapo 踹了一腳，因為他無法對齊走。瞧，他開始比手畫腳，咀嚼著一口蹩腳的德語，聽，他想為挖泥巴的事向我道歉。他還沒明白我們身在何處，我不得不說，匈牙利人是個非常獨特的民族。

跟得上步伐並用德語講一番複雜的話，這太難了。這一次是我警告他，他走錯步伐了，我看著他，我透過了眼鏡上的雨滴，看見他的眼睛，那是身為人的克饒斯的眼睛。

這時發生了一件重要的事，而現在我有必要把它講出來，也許基於同樣的道理，當時我就應該把它講出來。我對克饒斯說了很長的一席話：用蹩腳的德語，但說得很慢，而且斷斷續續地，每說一句，我就試探一下他是否有聽懂。

我告訴他，我曾夢見自己在家裡，在我出生的那個房子裡，我跟全家人一起坐在桌邊，雙腿伸在桌子底下，而桌上擺著很多很多的食物。那時是夏天，在義大利，是在拿坡里嗎？……是吧，就是在拿坡里，沒必要為此鑽牛角尖。而這時，門鈴突然響了，我焦慮地站起身，走去開門，會是誰呢？是他，就是我眼前的克饒斯·帕里，留著頭髮，乾淨圓潤，身穿自由人的衣服，手裡拿著一塊圓麵包。兩公斤重的圓麵包，還熱熱的。於是，**Servus, Páli, wie geht's** ❽？我滿心歡喜地將他請進屋子裡，並向父母解釋他是誰，他來自布達佩斯，並說明他為什麼全身溼答答的，就像現在這樣。我拿吃的跟喝的招待他，安排了一張舒適的床給他睡，而當時已經入夜，但家裡是那麼的溫暖而舒適，於是不要一會兒我們兩個的身子就乾了（是的，因為當時我也全身溼答答的）。

作為平民百姓時的克饒斯該會是個多麼好的孩子啊！他在這裡活不了多久的，我一眼就能看出來，並可以像演算定理一般推得這個結論。遺憾的是，我不懂匈牙利語言，

❻ 德語，意為「明天一大早」。

❼ 德語，意為「左，左，左和左」。

❽ 德語，意為「嗨，帕里，你好嗎」。

他的情緒如潰堤的河水，滔滔不絕地說出成大堆古怪的匈牙利語。我只聽懂了自己的名字，我什麼都不能理解，但從他那鄭重莊嚴的手勢看來，他應該是在立誓和祝福。

可憐的克饒斯，他真傻。如果他知道那不是真的，其實我根本沒夢見他，如果他知道除了在那短暫的一刻裡，對我來說，他什麼都不是，就如同這裡的一切一般什麼都不是，這裡只有內在的飢餓以及四周的寒冷和雨水。

Die drei Leute vom Labor ❶

我們進入集中營已經幾個月了？我從 Ka-Be 出來多久了？從化學考試的那天算起又是多久？從十月份的篩選算起呢？

阿爾貝托和我經常對自己提出這些問題，以及其他許多問題。我們這個編號 174000 以上由義大利人組成的小隊進集中營時有九十六個人，到了十月我們當中只有二十九個人存活下來，其中有八個被淘汰了。現在我們共二十一人，而冬天才剛剛開始。我們當中有多少人能活著看到新的一年？多少人能撐到春天？

好幾個星期以來，空襲已經停止；十一月的雨水化為白雪，積雪覆蓋了廢墟。德國人和波蘭人穿著橡膠製的長靴、毛皮耳套和有鋪棉的工作服上工，英國囚犯則穿著亮麗的皮草外套。在我們的集中營裡，除了一些特權分子之外，他們沒有給任何人發外套。我們是一個專業 Kommando，理論上只在室內工作，因此我們繼續穿著夏天的制服。

我們是化學家，所以我們從事苯基β的包裝。盛夏時，在前幾波空襲之後，我們清空了倉庫：苯基β沾附在衣服底下出汗的四肢上，我們的皮膚被侵蝕得像痲瘋病患似的；被灼傷的皮膚彷彿大塊的鱗片似地從臉上剝落。後來空襲暫時中止，我們又把袋子搬回倉庫。然後倉庫被炸了，我們就把布袋搬到苯乙烯部門的地下室。現在倉庫已經修好了，就得把布袋再堆回去。苯基β刺鼻的氣味滲透到我們唯一一套制服裡，日以繼夜、如影隨形地伴著我們。到目前為止，待在化工小隊的好處僅止於如此：其他人收到了大衣，我們沒有；其他人得扛五十公斤的水泥袋，我們得扛六十公斤的苯基β。對於化學考試和當時的遐想，我們還能作何感想呢？夏天裡，至少有四次，我們談論了在九三九室潘維茨博士的實驗室裡的談話，當時謠傳將要從我們當中選出聚合作用部門的分析師。

如今，夠了，現在一切都結束了。戲已來到最終一幕：冬天已經開始，隨著它的到來，我們面臨最後一場戰役。不再有必要懷疑這並非最後一場戰役。白天裡，我們隨時聆聽我們的身體所傳達的聲音，詢問我們的四肢，答案只有一個：我們的力氣不夠用了。我們四周的一切都訴說著崩解和毀滅。九三九室有一半的空間堆滿了扭曲的金屬片

❶ 德語，意為「實驗室的那三個人」。

和碎瓦礫；原本噴吐著高溫蒸汽的巨大管道現在都扭曲變形、倒塌在地，形同一根根天藍色的大冰柱。布納工廠裡現在一片寂靜，風向對的時候，若豎耳仔細聆聽，可以聽見地底下有股不間斷的震動，那是逐漸逼近的戰地前線。從羅茲猶太人隔離區有三百名囚犯抵達集中營，隨著俄軍的推進，德國人將他們運送來此處：他們將華沙猶太人隔離區傳奇式的抗爭消息帶來此處，他們向我們描述，早在一年前，德國人是怎麼清理了盧布林集中營的：在角落架設四組機關槍進行掃射，放火燒毀棚屋；文明世界永遠不會知道這一切。什麼時候才會輪到我們呢？

今天早上，Kapo一如往常地進行了分組。氯化鎂的十個人前往氯化鎂部門，而那十個人出發時拖著步伐，盡可能地放慢腳步，因為氯化鎂部門的工作十分艱苦：整天得把腳浸泡在冰冷的鹹水裡，鹹水淹沒腳踝的高度，腐蝕鞋子、衣服和皮膚。Kapo抓起一塊磚頭，朝那堆人身上扔了過去：他們笨拙地躲開，但沒有加快腳步。這幾乎是一種慣例，每天早上都會上演，而Kapo不見得是帶著一種施暴的意圖。

負責Scheisshaus[2]的四個人得去做他們的工作：他們四個人啟程去建造新的廁所。必須知道，自從羅茲和特蘭西瓦尼亞的人抵達集中營之後，我們這裡的囚犯人數實際上已經超過了五十人，負責這類事務的神祕德國主管授權我們建造一個Zweiplatziges

Kommandoscheisshaus❸，即一個專屬於我們的小隊的兩個坑的廁所。對於這種特殊待遇，我們並非無動於衷，作為此種為數不多的 Kommando 的一員我們頗感自豪。不過，如此一來我們顯然就喪失了最簡單的翹班藉口了，也無法藉機抽空跟平民打交道了。Noblesse oblige❹，翁希如是說，而他還有其他門道。

十二個人去搬運磚塊。五個人跟達姆師傅走。兩個人去蓄水池。有幾個人缺席？三個。霍莫爾卡今天上午進了 Ka-Be，鐵匠昨天死了，弗朗索瓦不知道被轉到哪裡去了，而且天曉得為什麼。人數沒錯：Kapo 登記好，十分滿意。除了特權分子 Kommando 之外，就只剩我們苯基 β 的十八人了。這時，發生了出乎意料的事。

Kapo 表示：潘維茨博士向勞動役部門通報有三個囚犯獲選去實驗室。編號 169509 的布拉克爾，編號 175633 的坎德爾，編號 174517 的李維——一時間，我的耳朵嗡嗡作響，布納工廠在我四周轉動。在九十八號 Kommando 裡有三個姓李維的，但編號 Hundert Vierundsiebzig Fünf Hundert Siebzehn 就是我，無庸置疑。我是被選中的三個人之一。

❷ 德語，意為「廁所」，Scheißhaus 的傳統拼法。

❸ 德語，意為「佔有兩個坑位的小隊專用廁所」，現代德語寫作 Zweiplatziges Kommandoscheißhaus。

❹ 法語，意為「地位越高，責任越大」。

Kapo 以一種凶狠的笑容打量我們。一個比利時人、一個羅馬尼亞人和一個義大利人：總之就是三個 Franzosen ❺。被選進實驗室天堂的剛好是三個講法語的人，有可能嗎？

許多伙伴表示祝賀；首先是阿爾貝托，他是發自內心地感到開心，沒有一絲嫉妒。對於降臨到我身上的好運，阿爾貝托並不覺得有什麼可說長道短的，相反地，他為此感到喜出望外，出於友誼，也因為這樣一來他也能從中獲益。的確，現在我倆之間已締結了牢固的盟友關係，所以每次撈到什麼好處都分成全然相等的兩份彼此平分。他沒有理由嫉妒我，因為他並不指望也不想要進入實驗室。他血管裡流淌的血液太過嚮往自由，沒有什麼能馴服我那不馴的朋友阿爾貝托，使他願意遵循某種制度；他的天性將他帶向別處，帶向其他的生存方式，難以預料、突發奇想而新穎的生存方式。與其做份固定的好差事，阿爾貝托無疑更喜歡從事充滿不確定性和挑戰的「自由業」。

我的口袋裡有一張勞動役部門的紙條，上面寫著編號 174517 的囚犯，作為一個具有專業技術的工人，有權領取一套新襯衣和新內褲，而且每星期三必須把鬍鬚剃乾淨。

被摧毀的布納工廠像一具龐大的死屍，沉默而僵硬地躺在初雪底下：Fliegeralarm ❻ 的警笛天天瘋狗似地狂叫不止；俄羅斯人已在八十公里外。發電廠已經停止運作，甲醇精餾塔不復存在，四個乙炔鋼瓶當中已有三個被炸毀。每天都有從所有位於波蘭東部的輕，剛毅的面孔上露出悲傷而疲憊的神情。他也是博士，不是化學博士，而是歷史語言學博士（別試圖弄懂為什麼）；不過，他就是實驗室的主任。他不太願意跟我們說話，但似乎不懷有惡意。他稱我們為Monsieur[7]，這很荒謬，而且令人感到不安。

實驗室裡溫度很宜人：溫度計指著二十四度。我們心想，他們可能會要我們做些清洗玻璃器皿、掃地，或者運輸氫氣瓶的差事，只要能留在這裡，要我們做什麼都行，對我們而言，冬天的問題便就此解決了。然後，又一次觀察之後，看來充飢果腹的問題也不難解決。總不會我們每天離開時都要搜身吧！即使如此，總不可能每次我們要求去上廁所時都要搜身。顯然不會這樣。而這裡有肥皂、汽油和酒精。我會在夾克內層縫上一個暗袋，我會跟在工廠工作的英國人做汽油交易。得觀察一下這裡的監控有多嚴密，無論如何我來到集中營已經一年了，我知道，如果一個人想偷東西，並且全力以赴，再怎麼監控或搜身都無法阻擋他行竊的。

因此，命運似乎踏上了令人意想不到的道路，而我們三個人就這樣成了一萬名囚犯所羨慕嫉妒的對象，今年冬天我們無須挨餓受凍。這意味著極可能我們不會患重病，不會被凍傷，並能逃過篩選淘汰。在這樣的條件下，集中營裡不像我們這麼有經驗的人可能會禁不住懷抱起有關倖存和重獲自由的希望。我們沒有，我們知道這類事情是怎麼運作的；一切都是命運的恩賜，因此應該盡可能把握當下，全心全意地去享受，而明天究竟會如何，就不得而知了。一旦我弄破了某個玻璃器皿，在測量中出了第一次差錯，第一次粗心犯錯，我都將因此回到風雪中凋零，直到最後輪到我前往火葬場。況且，誰能預料俄羅斯人來了以後會發生什麼事呢？

因為俄羅斯人就要來了。我們腳下的大地日夜都在震動；在空蕩寂靜的布納工廠裡，沉悶的砲火聲如今已不絕於耳。可以感覺到四處瀰漫的緊張氣息，一種就要天崩地裂的氣氛。波蘭人已經不工作了，法國人再次昂首闊步。英國人向我們使眼色，暗地裡用食指和中指做出V的手勢向我們打招呼，有時甚至公然這麼做。

但德國人彷彿又聾又啞，他們頑強地將自己鎖在一個甲殼裡，執意對這一切視而不見，充耳不聞。他們再次訂定了開工生產合成橡膠的日期：將在一九四五年二月一日那一天。他們修建防空洞和壕溝，修復毀損，繼續建設；他們征戰、指揮、策畫，並繼續殺人。要不然，他們還能做些什麼呢？他們是德國人，他們這麼做並非是預謀或蓄意的，而是順從著他們的本性和他們為自己選定的命運。他們只能這麼做，如果我們傷害一個垂危之人的身體，即使一天之後身體就要死去，傷口卻仍會開始結疤。

❼ 法語，意為「先生」。

現在，每天早上分組的時候，**Kapo** 會先把我們三個要去實驗室的人叫出來——**die drei Leute vom Labor**。早晚在營裡的時候，我跟眾人之間沒有任何區別，但白天工作的時候，我待在溫暖的室內，而且沒有人對我拳打腳踢；不用冒多大的風險，我就能偷到肥皂和汽油並拿來販賣，也許我還能弄到一張禮券，用來換取皮鞋。另外，我這叫幹活嗎？幹活應該是推動車廂、扛枕木、砸裂石塊、鏟土、赤手抓冰涼徹骨的鐵條。而我卻整天坐著，我有一本筆記本和一支鉛筆，他們甚至給了我一本書，讓我重新複習分析方法。我有一個抽屜，裡面可以放置帽子和手套，我想要出去時，只需跟斯塔維諾加先生說一聲，而他從未拒絕過我，而如果我遲到了，他也不會追問；他似乎受到周圍的毀滅所折磨，在他的肉體中受苦。

Kommando 的伙伴們嫉妒我，而他們大有理由忌妒我。難道我不應該認定自己很快樂嗎？但清晨時一旦擺脫了猛烈的寒風，一旦跨過實驗室的門檻，回憶，就好像每次停戰、在 **Ka-Be** 修養以及星期天休息的時候那樣，便悄然前來與我為伴：意識擺脫黑暗的一瞬間，回憶過去的痛苦、從前曾經身為一個人時的那種椎心之痛，像條狗一樣朝我撲來。於是我拿起鉛筆和本子，寫下那無法向任何人傾訴的一切。

然後還有女人們。我有幾個月沒見過一個女人了？在布納工廠不難遇見身著長褲和夾克，像她們的男人一樣粗壯而強悍的烏克蘭籍和波蘭籍女工。夏天時她們渾身大汗、蓬頭亂髮，冬天時穿著厚厚的衣物；她們拿鏟子和鋤頭幹活，令人感覺不出來在自己身旁工作的人是女性。

在這裡是不一樣的。在實驗室的女孩面前，我們三個都陷入了羞愧和尷尬的深淵。我們知道自己的模樣，我們可以相互看見彼此，並偶爾能在一塊擦乾淨的玻璃上照見自己。我們的模樣既可笑又令人作嘔。星期一時我們的腦袋剃得光禿禿的，到星期六時上頭便覆蓋著一層黴菌般的褐色毛髮。我們的臉又黃又腫，並總有理髮師匆忙幫我們刮鬍子所留下的刀疤，而且常有瘀青和潰爛的瘡口；我們長長的脖子布滿了結，活像是被拔了毛的雞。我們的衣服髒兮兮的，沾滿了泥巴、血漬和油汙；坎德爾的馬褲只到他的小腿肚那麼長，消瘦而多毛的腳踝暴露在外頭。我身上的夾克像掛在一個木製衣架似的從肩膀向下滑落。我們滿身跳蚤，常常不知羞恥地搔癢；我們不得不以令人感到羞辱的頻率頻頻提出要去上廁所。我們的木鞋總是沾滿了泥濘與油汙混合的汙垢，走起路來發出令人難以忍受的噪音。

除此之外，如今我們已對自己身上的惡臭習以為常了，但女孩們並不習慣，而她們對於自己的嫌惡絲毫不加掩飾。那不是一般沒有清洗乾淨的氣味，而是囚犯身上那股腐穢而甜膩的氣味，我們一來到集中營便從營地的寢室、廚房、廁所撲鼻而來的氣味。進到集中營的人立刻就沾染上了這種氣味，並且就此無法擺脫：「怎麼年紀輕輕就臭到這個地步！」我們之間習慣如此跟新來的人打招呼。

對我們來說，這些女孩看起來並非凡間的生物。有三個年輕的德國女孩，加上弗羅倫．利奇巴，波蘭人，她是負責管倉庫的，以及擔任祕書的邁耶小姐。她們的皮膚光滑，帶有粉紅色澤，穿著漂亮、乾淨、暖和的彩色衣物，金色的長髮梳得整整齊齊；她們談吐高雅端莊，可是她們非但沒有盡職地將實驗室整理得整齊清潔，反倒是待在角落抽煙，當眾吃著麵包和果醬，她們修剪指甲，常常打破玻璃器皿，並試圖將罪責轉嫁給我們；她們掃地的時候總掃到我們的腳上來。她們不跟我們交談，當她們看見我們行屍走肉、滿身大汗，笨拙地踩著搖搖晃晃的木鞋，步履蹣跚地在實驗室裡走動時，她們會對我們嗤之以鼻。有一次，我向弗羅倫．利奇巴問一件事，她沒有回答我，倒是臭著臉轉向了斯塔維諾加飛快地說了些什麼。我沒有聽懂正個句子，但我清楚地聽見了Stinkjude[8]這個詞，而我感覺渾身的血脈都收緊了。斯塔維諾加對我說，有關工作的任何問題，我們應該直接問他。

就像世界上所有的實驗室裡的女孩一樣，這些女孩也喜歡唱歌，但這一點令我們深感不快。她們彼此交談：談論糧食配給，談論她們的未婚夫、她們的家，談論即將到來的節日……

「星期天妳要回家嗎？我可不要，因為旅途太不舒服了！」

「我聖誕節才要回去。才再過兩個星期，就又是聖誕節了，感覺好不真實，這一年過得真快！」

……這一年過得真快。去年的這個時候，我還是個自由人：逍遙法外但自由的人，當時我仍有名有姓，有個家，仍擁有一顆不安而喜歡探問的心、一副健康敏捷的軀體。當時的我會去思考許多遙遠渺茫的事物：思考我的工作、戰爭的結束、善與惡，思考事物的本質以及主宰人類行為的準則；我也會想到山脈、想要唱歌，想著有關愛、音樂和詩歌的事物。當時的我深信命運的仁慈，一種強大、根深蒂固而愚蠢的信任，在我眼裡，殺戮和死亡是書上才有的陌生事物。我的日子有喜有悲，但我懷念當時的每一天，它們全都如此充實而積極的；對於當時的我而言，未來像是令人拭目以待的一筆巨大的財富。那時的人生所剩下的東西，如今只夠我用來承受飢餓與寒冷；我甚至已沒有足夠的氣力自我了斷。

如果我德語講得更好，我可以試著向邁耶小姐解釋這一切，但她想必無法理解，或者如果她夠聰明而能夠聽懂，她也不可能容許我靠近她，她會從我身邊逃開，就好像人們對病入膏肓者或死囚避之唯恐不及那樣。又或者，她也許會送給我一張半公升的平民獎券。

❽ 德語，意為「臭猶太人」。

最後一人

這一年過得真快。

聖誕節快到了。阿爾貝托和我肩並肩地走在漫長的灰色人龍裡，向前拱著身體以抵擋寒風。已經入夜了，而且下著雪。站穩腳步已不容易，按照節奏整齊劃一地踏步更是困難，三不五時就有前面的人跌入黑泥裡打滾，必須小心閃開他，並重新回到自己在隊伍裡的位置。

打從我在實驗室工作開始，阿爾貝托和我便分開工作，在歸營的路途中，我們總有很多東西要告訴彼此。通常不是什麼很了不起的東西，而是工作、伙伴、麵包、寒冷。但是一個星期以來有些新的狀況：羅倫佐每天晚上給我們帶來三到四公升義大利民工的湯。為了解決運送的問題，我們得設法弄到我們這裡被稱為menaschka❶的東西，即一只用鍍鋅薄板打造而成的獨一無二的湯碗，但與其說是湯碗它更像是一個湯桶。是白鐵匠席貝路斯特以三份麵包為代價幫我們用兩片水槽製作而成的：這是一個了不起的容器，質地堅固而且容量大，其外觀具有典型新石器時代的器具的特徵。

在整個營地裡，只有某些希臘人擁有比我們更大的 menaschka。這除了實用上的好處之外，這個湯桶也讓我們的社會地位有了顯著的提升。像我們這樣的湯桶是地位高貴的認證，是一種紋章標誌：由此，翁希漸漸與我們交好，並與我們平等地說話；L.採取了父執輩式紆尊降貴的語調；至於埃利亞斯，他總是遊走在我們左右，一面頑強地窺伺著我們，想探知有關我們的「門道」的祕密，另一方面又令人費解地口口聲聲對我們不斷表示友好和關愛，他在我們的耳邊不斷叨唸一連串天知道他打哪兒學來的義大利語和法語不雅字眼和髒話，但他顯然想藉此向我表示恭維。

以道德的層面而言，關於這個新的局面，阿爾貝托和我一致認為這沒有什麼可以引以為傲的；但找個藉口自鳴得意是多麼容易的一件事啊！況且，有新的事物可以談論，這可不是個微不足道的優勢。

我們談論購買第二只湯桶的計畫，以用來跟第一只湯桶輪替使用，那樣一來我們每天只需派人去工地偏遠的角落跑一趟就夠了，現在羅倫佐就在那兒工作。我們談論羅倫

❶ 保加利亞語，意為「貨幣」。

佐，談論如何報答他；之後，如果我們有活著回來的一天，沒錯，我們當然會竭盡所能為他賣命。不過，談論這些又有什麼用呢？無論是他還是我們，我們都知道我們很難活著回來。必須馬上做些什麼；我們可以嘗試將他的鞋帶到集中營裡的鞋舖修補，在營裡修鞋是免費的（這看似是個悖論，但根據官方的說法，在集中營裡一切都是免費的）。阿爾貝托會試試：他是鞋匠的朋友，也許給他幾升的湯就足夠了。

我們談論起我們最新的三個事業，而我們扼腕地達成共識，出於職業上保密的需要，四處張揚此事是不恰當的：真可惜，要不然我們的個人威望將因此獲得很大的提升。

第一項事業是我一手開發的。我得知四十四號 Blockältester 缺少掃帚，我已經從工地偷來了一把，到此為止沒有什麼特別了不起的地方。困難之處在於如何在返回集中營的路上，將那把掃帚走私回營，而我以一種我自以為前所未聞的方式解決了這個問題，我將贓物分解成掃帚頭和木柄，再將後者鋸成兩段，將各個零件分開帶回營地（兩截木柄綁在大腿上，藏在褲子裡），並在營裡再重新拼裝回去，為此我得找到一塊金屬片、鐵鎚和釘子，以將兩截木柄拼接起來。走私過程前前後後只用了四天。

與我所擔心的正好相反，客戶不僅沒有貶低我偷來的掃帚的價值，但把它作為奇貨展示給不少他的朋友看，那些朋友更向我下訂了其他兩把「相同型號的」掃帚。

而阿爾貝托還另有高招。首先，他開發出了「銼刀行動」，並且已成功執行了兩次。

阿爾貝托前往工具倉庫，要求借用一把銼刀，並從中選出一把相當厚重的銼刀。倉庫管理員在他的編號旁邊寫上「一把銼刀」後，阿爾貝托就走了。他一溜煙地去到一個信得過的平民那兒去（一等一的騙子，一個比魔鬼還要狡詐的第里雅斯特人，他之所以幫助阿爾貝托，主要是為了大顯身手，而不是著眼利益或出於慈悲），他在市場上能以一把厚重的銼刀輕而易舉地換到兩把價值相等或較低的小銼刀。阿爾貝托將「一把銼刀」還回倉庫，然後變賣另一把。

最後，他還在這幾天裡圓滿完成了他的傑作，一次大膽、新穎、做得格外乾淨俐落的行動。要知道，幾個星期以來阿爾貝托被賦予了一項特殊的任務：早晨，在工地，他被交付一桶鉗子、螺絲起子和上百張不同顏色的賽璐珞標籤，他必須將標籤安在小夾子上，以區分冷熱水管道、蒸汽管、壓縮空氣管、天然氣管、石腦油管、空管道等不計其數沿著各個方向綿延並涵蓋了整個聚合作用部門的管道。此外還得知道（而這看似與此無關：但人的才智不就是在表面上彼此看似無關的想法之間找到或創造關聯嗎？），對我們全體囚犯而言，出於諸多原因，淋浴是一件令人非常不愉快的事（水不是又少又冷，就是熱得燙人，沒有更衣室，我們有沒有浴巾，沒有肥皂，而我們為了去淋浴不得不稍微離開時，東西很容易遭竊）。由於淋浴是強制性的，Blockälteste 有必要建立一套檢查機制，以處分那些逃避淋浴的人：在大多數情況下，會派一個親信守在門口，活像是波利菲莫斯❷似的摸一摸出來的人，看看他的身子是不是濕的；誰身上是濕的，就能領到一張小紙條，誰身上是乾的，就得挨五下鞭子。唯有提交收據，才能在第二天早上領到麵包。

阿爾貝托的注意力就鎖定在小紙條上。一般來說，那不過是張簡陋的小紙條，交還時已被弄濕，皺巴巴的難以辨認。阿爾貝托很了解德國人，而所有的 Blockältester 都是德國人或德式作風的人：他們喜愛整齊、講究秩序，並奉行官僚制度；此外儘管他們是喜歡動手打人、暴躁易怒的粗人，卻對閃閃發光、多采多姿的物品懷有著一種童稚的喜愛。

主題就此設定了，以下就是他那卓越的行動。阿爾貝托系統性地偷去一系列相同顏色的賽璐珞片；每張賽璐珞片做成三個的小圓片（所需的工具，打孔器，是我從實驗室裡幫他弄來的）：製作好兩百個小圓片，就足以讓一個排房使用了，他來到 Blockältester 面前，以十份麵包的瘋狂報價向他兜售他的「特產」，接受分期付款。客戶欣然接受，而現在阿爾貝托握有一項了不起的時尚商品，並且有把握可以提供給所有的棚屋，每個棚屋一個顏色（沒有一個 Blockältester 會願意被當成小氣鬼或食古不化的守舊分子），而更重要的是，他不必擔心會有競爭對手，因為原料只有他一個人才弄得到。真可謂足智多謀，是吧？

在陰暗天空和腳下汙泥的兩種黑之間，踏進一個又一個的泥坑，我們談論著這些事情。我們邊走邊聊。我的手裡拿著兩個空的湯碗，阿爾貝托則承受著裝滿了湯的湯桶那令人滿心歡喜的重量。又一次聽見行軍的音樂，又一次「脱帽」的儀式，在SS面前一下子把帽子摘下；又一次看見Arbeit Macht Frei，接著Kapo宣布：Kommando 98, zwei und sechzig Häftlinge, Starke stimmt❸，六十二個犯人，人數沒錯。但隊伍沒有解散，他們讓我們前去點名廣場。要點名嗎？不是點名。我們看見了燈塔無情的燈光，以及熟悉的絞刑架的輪廓。

隊伍持續返回，堅硬的木鞋底踩在冰凍的雪地上，發出吵雜的聲響，又持續了一個多小時。等到所有的Kommando都返回以後，樂隊突然沉默了，一個嘶啞的聲音以德語命令大家安靜。在突如其來的寂靜中，又傳來了另一個講德語的聲音，在漆黑的空氣

❷ 譯者注：根據荷馬的史詩《奧德賽》，英雄奧德修斯與同伴在特洛伊戰爭結束後，返家的途中停泊到西西里島。尋找補給的奧德修斯一夥人，受困於獨眼巨人波利菲莫斯豢養羊群的洞穴裡，被奧德修斯使計謀弄瞎的波利菲莫斯守在洞口，摸著羊的脊背，以防奧德修斯一群人騎羊逃走。

❸ 德語，意為「九十八號工作小隊與六十二名囚犯全員到齊」。

中，在充滿敵意的氛圍裡，以震怒的語氣說了很長的時間。最後，被判處死刑的人被帶到燈塔的光束下。

所有這種場面，這種殘酷的儀式，對我們來說並不陌生。打從我進入集中營以來，我已經目睹了十三次當眾行刑的絞刑，不過先前的都是些廚房行竊、破壞、企圖逃跑等一般的罪行。今天的則是另一種罪行。

上個月比克瑙的一個火葬場被炸毀了。我們沒有人知道（也許永遠不會有人知道）這件事究竟是如何辦到的：據說是Sonderkommando❹，負責毒氣室和火葬場的特種Kommando的人幹的，他們本身也會週期性地被處死，並與營地的其他部門之間實施嚴格的隔離。不變的事實是，在比克瑙，有幾百個像我們一樣手無寸鐵、筋疲力竭的奴隸，他們從自己的內在找到了行動的力量，讓自己的仇恨開花結果了。

今天將要死在我們面前的那個人以某種方式參與了這場起義。據說他和比克瑙的起義者有關聯，把武器帶進了我們的集中營，並且謀畫著在我們之間也發動一場叛變。今天，他將在我們眼前死去：但也許德國人不會懂得，他們讓他獨自赴死，以人的身分死去，這將給他帶來榮耀，而非臭名。

德國人講完那番誰也聽不懂的話以後，第一個嘶啞的聲音又重新響起——Habt ihr verstanden？你們聽懂了嗎？

誰回答了Jawohl？所有人，也就是沒有任何一個人，回答了：彷彿我們那天殺的聽天由命自動成了一個個體，在我們的頭頂上為全體發了言。但是所有人都聽見了將死之人的呼喊，那叫聲穿透了由惰性和屈從所構成的陳舊而巨大的屏障，震撼了我們每個人當中作為一個人的生命核心：

——Kameraden, ich bin der Letzte!（同志們，我是最後一個了！）

我多麼希望能夠告訴你們，當時在我們這群卑微的羊群當中發出了一個聲音，一陣低語，一種附議的表示。但什麼也沒發生。我們只是一片弓著身、低著頭杵在那兒的灰色人群，等到德國人發出命令後，我們才摘下帽子。絞刑架的活板打開了，那副軀體劇烈地扭動掙扎；樂隊又重新開始演奏，我們再次遵照指示排列成隊，並在垂死者做出最後幾下扭動前從他身邊魚貫經過。

在絞刑架腳下底下的SS眼神冰冷地看著我們經過：他們的任務已經執行完畢，並且做得很好。俄羅斯人可以來了：我們中間已經沒有強者了，最後一個強者現在就懸掛在我們的頭頂上，至於剩下的人，幾條繩索就可以收拾了。俄羅斯人可以來了：他們發現的將只是已被馴服的我們、殘燭般的我們，只能任人宰割地等死的我們。

❹ 德語，意為「特遣分隊」，負責處理集中營內死者。

泯滅人性是困難的，幾乎和創造人性一樣困難：這不是一件輕而易舉的事，也不是短時間能辦到的，但德國人，你們辦到了。我們這就溫順地在你們的目光之下：我們這裡已沒有任何值得你們懼怕的了：不會有反抗的舉動，不會有挑釁的話語，甚至不會有一抹審判的目光。

阿爾貝托和我回到了棚屋，我們無法直視彼此。那個人想必是個堅毅的人，此等處境已將我們摧毀，他卻仍不屈不撓，他想必是以一種不同於我們的質地打造而成的。因為，就連我們，我們也被摧毀了：即使我們已經學會適應；即使我們終於學會了如何覓食，學會忍受疲勞與寒冷；即使我們有活著回來的一天。

我們把湯桶抬到床鋪上，把湯分發掉，我們滿足每天瘋狂的飢餓，現在，一股無可復加的羞愧感席捲了我們。

十天的故事

已經很多個月了，每隔一段時間我們都會聽見俄羅斯的大砲轟隆作響的聲音。

一九四五年一月十一日，我得了猩紅熱，並再次被送入 Ka-Be。Infektionsabteilung [1] 就是一間小臥室，確實相當乾淨，上下兩層共十個鋪位、一個衣櫃、三張凳子，以及方便如廁、附有便盆的馬桶。這一切都在一個五米長三米寬的空間之內。

要爬上上層的鋪位不太容易，沒有梯子；因此病情加重的病患就會被轉到下層鋪位。入院時，我是第十三號病人，其他的十二個裡，四個患有猩紅熱，是兩個法國「政治犯」加上兩個年輕的匈牙利猶太人；此外還有三個白喉患者、兩個斑疹傷寒患者，還有一個的臉部感染了駭人的丹毒的病患。其餘兩個感染了超過一種以上的疾病，身體極為虛弱。

我發著高燒，很幸運地獨享一個床位。我深感慰藉地躺了下來，我知道我享有四十天的隔離待遇，即四十天的休息，而且我認為自己保養得相當不錯，因此我既不用擔心猩紅熱的後果，也不必擔心被篩選淘汰。

多虧了我在集中營裡長期以來的經驗，我得以把我的私人物品帶在身上：一條用電線編成的腰帶、一把可以作為小刀使用的湯匙、一根針和三條線、五個鈕釦、最後還有十八顆我從實驗室裡偷來的打火石。耐心地用小刀削薄，從每顆石頭可以打造出三顆大小適用於普通的打火機的小石頭。價值估計是六至七份麵包。

我度過了四天平靜的日子。外面下著雪，天氣非常寒冷，但是棚屋裡有暖氣。我按指示服用了大量的磺胺類藥物，強烈的噁心令我幾乎食不下嚥；不想與人交談。

兩個患有猩紅熱的法國人很親切。他們是法國佛日省的兩個鄉下人，幾天前才隨著德國人從洛林撤退擄來的一大群平民進入集中營。年紀較長的名叫阿赫圖爾，是個瘦小的農夫。另一個，他隔床的鄰人，名叫夏赫勒，三十二歲，原本在學校當老師；他沒拿到襯衣，而是被分配到一件夏天穿的短得可笑的背心。

第五天，理髮師來了。他是一個塞薩洛尼基的希臘人，只會講他鄉親所說的優美的西班牙語，不過集中營裡所講的所有語言，他都能聽懂幾個詞。他名叫阿斯肯納基，在

❶ 德語，意為「傳染隔離病房」。

集中營裡已經將近三年了。我不知道他是如何取得 Ka-Be 的 Frisör ❷ 一職的：他確實既不會說德語，也不會波蘭語，而他也並非特別殘酷。在他進來之前，我聽見他和醫生在走廊裡口沫橫飛地講了很久，他們是同鄉。我感覺他有一種不尋常的表情，但是由於東方民族的面部表情與我們的有所不同，我無法弄懂他究竟是受到驚嚇了，或者是高興，抑或是激動。他認得我，或者他至少知道我是義大利人。

輪到我的時候，我艱辛地從床鋪爬了下來。我用義大利語問他是否有什麼新消息：他停下手不刮了，以一種嚴肅而影射的方式眨了眨眼，並用下巴指了指窗戶，然後用手朝向西方做了一個很大的手勢：

——Morgen, alle Kamarad weg ❸.

他睜大眼睛看了我一會兒，彷彿在等著我做出驚訝的表情，接著又說道——Todos todos ❹，便又繼續做事了。他知道我有打火石，所以他悉心地幫我刮了鬍子。

這個消息並沒有在我的內心激起任何直接的情緒。好幾個月以來，我不再能感受到什麼痛苦、喜悅、恐懼了，而只能以集中營裡特有那種疏離而隔岸觀火的方式反應，我們可以稱之為「條件式」：「假使」我現在還具有從前那顆敏感纖細的心，我想，這應該是一個極其令人激動的時刻。

當時，我的頭腦非常清醒；長久以來，阿爾貝托和我已經預料到，伴隨著集中營的撤除和解放日的來臨，我們所會面臨的各種危險。更何況阿斯肯納基帶來的只是一個已經流傳了好幾天的消息：據說俄羅斯人來到北方一百公里處的琴斯托霍瓦，他們也已經抵達南方一百公里處的扎科帕內；據說在布納工廠那兒，德國人已經在準備破壞行動所需的地雷。

我——看著我的室友們的臉，跟他們當中的任何人談論此事顯然不會有什麼好處。他們大概會回答我說：「所以說呢？」然後話題將戛然而止。法國人不一樣，他們是尚未麻木的新鮮人。

「知道嗎？」我告訴他們：「明天集中營就要撤離了。」

他們議論紛紛地問我：「撤到哪裡？徒步撤離嗎？……病人是否也一起？那些不良於行的人呢？」他們知道我是一個老資格的囚犯，而且我聽得懂德語，於是他們作出結論，認為關於這個問題，我知道的遠比我坦承知道的來得多。

我不知道別的，我對他們說，但他們仍不停續發問。真煩。不過，畢竟他們來到集中營也才幾個星期的時間，他們還沒學會在集中營裡人們是不問問題的。

❷ 德語，意為「理髮師」。

❸ 德語，意為「明天，所有夥伴都要撤離了」。

❹ 西班牙語，意為「所有人，所有的人」。

下午，希臘醫生來了。他說，集中營也會提供鞋子和衣服給那些還能走路的病患，隔天這些人就要出發，跟健康的人一起，行軍二十公里。其他人則將留在Ka-Be，跟從病情較輕的病患中所挑選出來的護理人員一起留下來。

醫生異常地興致高昂，喝醉了酒似的。我認識他，他是一個有學養、聰明、自私而且擅長算計的精明人。他還說，所有人都將一律領到三倍分量的麵包，病患們為此喜出望外。我們就我們會受到何種處置問了他一些問題。他回答說，德國人可能會拋下我們，讓我們聽從命運的安排：不，他不認為他們會殺了我們。他沒有費力掩飾他其實內心另有想法，他是如此的興致高昂，這件事本身便耐人尋味。

他已經裝備齊全，準備好要行軍；他一出去，兩個匈牙利人就激動地交談了起來。他們已經康復得差不多了，但仍非常虛弱。聽得出他們害怕跟病人待在一起，決議要跟健康的人一起離開。這可不是什麼思考推敲的結果：就連我，要不是我感覺自己那麼虛弱，也許我也會順著從眾的本能。恐懼是極具感染力的，受驚之人首先想到的就是逃跑。

在棚屋外面，可以感覺到整個營地都處在一種不尋常的躁動不安當中。兩個匈牙利人中的其中一個站起身來走了出去，半小時後他帶著一大推汙穢的衣物滿載而歸。那想必是他從存放有待消毒的衣物的倉庫裡弄來的。他和他的伙伴一件又一件瘋狂地將那些破衣服往身上穿。他們顯然想在恐懼使他們退縮之前急於面對既成的事實。他們是如此的虛弱，就算是一個小時的行走也是癡人說夢，更別說穿著那些在最後關頭找到的破鞋在雪地裡跋涉了。我試圖向他們解釋這一點，但他們只是看著我，不發一語。他們的眼神彷彿受驚的野獸。

只有一瞬間的時間，我的腦海閃過一個念頭，他們說不定是對的。他們笨手笨腳地從窗戶爬了出去，我看見把自己包成一團的他們在外面的漆黑的夜色中搖搖晃晃地走著。他們再也沒有回來；很久以後我才得知出發沒幾個小時以後，他們就因為無法跟上隊伍而被SS處決了。

我也需要一雙鞋，顯然如此。然而，我花了一個小時才克服了噁心、發燒和衰弱。我在走廊裡找到了一雙（健康的人洗劫了Ka-Be的鞋庫，搶走了最好的鞋，最差的、落底的、落單的鞋散布在各個角落裡）。正是在那裡，我遇見了亞爾薩斯人科斯曼。還是平民時，他原本是路透社派駐克勒蒙費朗的特派記者，當時他也很興奮、很激昂。他說：「要是你比我先回國，請你寫信給梅斯市的市長告訴他我就要回國了。」

眾所周知，科斯曼認識特權分子當中的某些人，因此，我覺得他這麼樂觀興奮似乎是個好兆頭，我正好可以拿它來證明像我這樣不採取行動是正確的。我把鞋藏了起來，然後回到床鋪。

深夜，希臘醫生又來了，他的肩上背著一個布袋，頭戴巴拉克拉瓦頭套。他朝我的床位扔了一本法文的小說：「給你，義大利人，拿去讀吧。我們下次見面時你再還我。」直至今日，我仍因他這句話而痛恨這個人。我們難逃一死，他心知肚明。

最後，阿爾貝托違反禁令溜到窗口來向我道別。他是我形影不離的好伙伴：我們是大家口中的「那兩個義大利人」，外國伙伴常常會把我們的名字搞混。六個月以來，我們共用一個床舖，共享每一分一毫額外弄到的食物；但他小時候已得過猩紅熱，因而沒有被我感染。因此他要出發了，而我得留下來。我們相互道別，不需要太多的話語，很多事情我們已彼此說過了無數次。我們不認為我們會分開很久。他找到了相當厚重的皮鞋，鞋況不錯：他是一下子就能找到所需的一切的那種人。

他也像所有即將離開的人一樣歡欣雀躍，並充滿信心。這是可以理解的：一件前所未聞的大事就要發生。我們終於感覺到一股力量，而一股不屬於德國的力量。我們確實聽見了我們這個被詛咒的世界正搖搖欲墜、嘎吱作響的聲音。或者，最起碼健康的人是聽見了，儘管他們又餓又累，他們還能夠行動；但那些太過於虛弱、沒衣服穿或赤腳的人，他們思考和感受的方式顯然有所不同，而主宰著我們的頭腦的，是一種任憑命運宰割、全然無助而癱軟的感覺。

除了某些在最後一刻聽從了某人的忠告，脫下了衣服，擠到了 Ka-Be 的某張床裡的人之外，一九四五年一月十八日的晚上，所有健康的人都出發了。大概有兩萬多人左右，他們來自不同的集中營。幾乎所有人都在這次的撤離中一去不回：阿爾貝托也是其中之一。有朝一日也許會有人寫下他們的故事。

我們則是留在了自己的床鋪裡，獨自與疾病為伍，比起恐懼，我們的無奈還要更加強烈。

整個 Ka-Be 裡大概有八百人。在我們的房間裡只剩十一個人，每個人一個床位，只有夏赫勒和阿赫圖爾同睡一個床位。集中營龐大的機器的節奏停了，我們就這樣開始了十天隔絕在世界和時間之外的日子。

一月十八日。撤離當天的夜裡，營地的廚房仍持續運作，第二天早上，在 Ka-Be 進行了最後一次菜湯的分發。中央供熱系統已經廢棄；棚屋裡還有一點餘溫，但每經過一個小時，氣溫都會往下降，於是大家心裡有數，我們很快就要挨寒受凍了。外面應該至少有零下二十度；大部分病人只穿襯衣，有些甚至連襯衣也沒有。

沒有人知道我們的處境。有幾個SS留了下來，一些瞭望塔上還有人看守。

將近中午的時候，一個SS元帥在棚屋間走動。他從剩下的非猶太人中挑選，為每個棚屋任命了一個棚屋長，並吩咐立刻做出一份病人名單，區分猶太人和非猶太人。事情似乎很清楚。沒有人對此感到訝異，德國人將其民族對於分類的熱愛保留到了最後一刻，沒有一個猶太人認真地以為自己能活過明天。

兩個法國人不明白，他們很害怕。我很不情願地將SS所說的話翻譯給他們聽；他們居然很害怕，這令我感到惱怒。他們來到集中營還不滿一個月，他們幾乎還沒挨過餓，他們甚至不是猶太人，而他們居然感到害怕。

又分發了一次麵包。一整個下午，我都在讀醫生留下的那本書：內容非常有趣，而我出奇地還記得一清二楚。我還去了隔壁的病房一趟，尋找幾條被子，那間病房有很多病人都被安排出院，他們的被子無人使用。我拿走了幾條相當暖和的被子。

阿赫圖爾一知道被子是從痢疾病房取來的，就皺起了鼻子——Y avait point besoin de la dire[5]；沒錯，被子上確實有污漬。但無論如何，考慮到我們即將面對的一切，我認為我們睡覺時最好還是蓋得暖和些。

夜晚很快就到了，但電燈還能用。我們平靜又詫異地看見，棚屋的每個角落裡都站有一個武裝的SS。我不想說話，而我也不害怕，有的話，也只是我先前提到的那種隔岸觀火、條件式的害怕。我繼續閱讀，一直讀到深夜。

沒有時鐘，不過應該是晚上十一點了，這時所有的燈都熄滅了，就連照亮瞭望塔的聚光燈也熄滅了。可以看見遠處的探照燈的光束。天空中綻放出一束刺眼的強光，靜靜地停在那兒，冷峻地照耀著大地。耳邊聽得見引擎的轟隆聲。

然後轟炸開始了。這不是什麼新鮮事，我下到地上，將赤裸的雙腳套到鞋子裡，等待著。似乎很遠，也許在奧斯維辛上空。

然而這時，附近被轟炸了，而在我回過神之前，緊接著又是震耳欲聾的第二次和第三次轟炸。我聽見玻璃被震碎，棚屋搖搖欲墜，我插在牆壁裂縫的湯匙掉落在地。

然後似乎結束了。坎紐拉提，一個年輕的農夫，同樣來自佛日省，想必從未見過空襲：他光著身子從床上出來，蜷曲在一個角落裡大吼大叫。

沒過幾分鐘後，營地確定被擊中。棚屋猛烈地延燒，另外兩個被炸得粉碎，但那都是些空著的棚屋。幾十個光著身子的病人，狼狽地從另一間就要被大火吞噬的棚屋逃了過來：他們請求收留。不可能收容他們。他們以多國語言又是乞求又是威嚇，堅持要我們收留他們：我們不得不封鎖大門。他們步履蹣跚地走向別處，赤腳走在融雪上，火光照亮了他們的身影。許多人身後掛著鬆開的繃帶。我們的棚屋似乎不會受到威脅，除非風向改變。

德國人走了。瞭望塔空了。

❺ 法語，意為「根本別提了」。

如今，我認為，若非曾有一個奧斯維辛集中營存在過，沒有人應該在我們這個時代談論天意❻：不過，可以肯定的是，在那一刻，有關聖經裡身處絕境而獲救的記憶，像風一樣刮過所有人的心頭。

沒辦法入睡；有塊玻璃破了，天氣很冷。我認為我們應該找個火爐並把它安好，弄點煤炭、木材和糧食。我知道這一切都是必要的，但如果沒有人支持我，我絕不會有精力獨自行動。我和兩個法國人商量了這件事。

一月十九日。法國人同意了。天一亮我們三個人就起床了。我感覺自己又病又累，又冷又怕。

其他的病患以一種既恭敬又好奇的目光看著我們：難道我們不知道病患是不被允許離開 **Ka-Be** 的嗎？倘使德國人還沒有全數撤走呢？但他們什麼也沒說，他們很高興有人自願當實驗品。

法國人對於集中營的地形毫無概念，但夏赫勒既勇敢又強壯，阿赫圖爾很機靈，又有農民那種務實的精神。我們湊合地以被子裹著身體走了出來，這是個寒風刺骨、大霧瀰漫的日子。

我們看到的是任何我所見過或聽說過的景象所無可與之比擬的。

才剛死去的集中營似乎已經開始分解了。不再有供水和供電：破碎的門窗隨風拍打，從屋頂脱落的鐵皮鏦鏦作響，大火焚燒後的灰燼向高處和遠方飄揚。成就這番光景的除了炸彈，還有人：放眼望去，那些還能行動的病患彷彿蠕蟲入侵般拖著腳步走在堅硬如冰的大地上，他們衣衫襤褸、搖搖欲墜、骨瘦如柴。他們翻遍了所有空的棚屋，尋找食物和木柴；他們將寢室長們那布置得詭異不堪的房間搞得天翻地覆，一直到前一天普通囚犯還不被允許進到那兒；他們不再能控制自己的腸胃，四處便溺，污染了珍貴的冰雪，如今那是整個營地唯一的水源。

在燒毀的棚屋的廢墟附近，成群的病人匍匐在地，吸取最後的餘溫。另外有些病人不知從哪找到了馬鈴薯，用大火留下的炭火上烤著，並以兇猛的眼光環顧四周。只有少數幾個人還有力氣點燃了真正的火，用隨手找來的容器把冰雪煮融。

我們盡快地走向廚房，但馬鈴薯幾乎已經全被搶光。我們裝了兩袋，並把它交給阿赫圖爾看管。在特權分子的廢棄排房裡，夏赫勒和我終於找到了我們所尋找的東西：一

❻ 譯者注：原文為 Providenza，神學用語，譯為「神的攝理」或「神的護理」，指的是神以祂那不可思議的智慧，對於被造的萬有的一套永遠的計畫。

只沉重的鑄鐵爐，爐管還能使用：夏赫勒推來一輛手推車，我們把爐子裝載到車上；然後他讓我把爐子運送到棚屋，自己則跑去背布袋了。在那兒，他發現了凍得暈了過去的阿赫圖爾。夏赫勒把兩個布袋都扛在肩上，把它們放到了安全的地方，接著又回頭去照顧他的朋友。

同時，我勉強地支撐著，盡可能駕馭好沉重的手推車。這時，我聽見了一陣刺耳的引擎聲，一個SS騎著一輛摩托車進入了營地。一如往常，一看見他們那僵硬的面孔，我的內心猛地湧起一陣恐懼和仇恨。要消失在他眼前已經來不及，而我不想丟下火爐。根據集中營的規定，這時應該立正脫帽。我當時沒戴帽子，全身裹著被子礙手礙腳的。我從手推車走開了幾步，做了一個尷尬的鞠躬。德國人沒有看到我就過去了，他在一個棚屋處轉了個彎就離開了。後來我才知道我自己冒了多大的危險。

我終於來到我們的棚屋的門檻，並將爐子交到夏赫勒的手裡。我累得喘不過氣來，眼簾裡飛舞著偌大的黑色斑點。

得在爐子裡升火。我們三個人的手都已經凍僵了，冰冷的金屬黏在手指的皮膚上，但得趕緊在爐子裡升火，這樣才能取暖和烹煮馬鈴薯。我們找到了木柴和煤炭，還有從燒毀的棚屋弄來的木炭。

震壞的窗子被修好時，爐子也開始散發熱量，每個人似乎都鬆了一口氣，這時托瓦洛斯基（一個二十三歲的法裔波蘭人，傷寒患者）提議要其他患者每人提供一片麵包，獻給我們三個工作的人，提議被接受了。

僅僅在一天以前，這類的事是無法想像的。集中營的法律規定：「吃下你自己的麵包，可以的話，也吃下鄰人的麵包。」沒有感恩的餘地。換言之，集中營已宣告死亡。

那是發生在我們之間的第一個有人性的舉動。我認為我們可以將那一刻訂定為一個進程的起點，從那一刻起，我們這些沒死的，我們緩緩地從囚犯再次變成人。

阿赫圖爾復原得相當好，但從那次以後，他總是避免暴露在寒冷中；他自願負責維持暖爐爐火不滅、烹煮馬鈴薯、打掃房間以及照顧病人。夏赫勒和我分攤戶外的各種勤務。還有一小時有天光的時間：這一次的出擊為我們贏得的一公升的酒精和一罐不知被誰丟在雪地上的啤酒酵母；我們將水煮馬鈴薯發給大家，每個人還分到一匙酵母。我莫名地認為這可以對抗維生素缺乏症。

天黑了；在整個營地裡，我們的是唯一具備火爐的棚屋，我們為此感到相當自豪。來自其他部門的許多病人擠在門口，但人高馬大的夏赫勒讓他們不敢貿然行動。沒有人，無論是我們還是他們，想到若是留在我們的房間、與我們的病患雜處一室會有高度的傳染風險，也沒想到在那樣的條件下患上白喉絕對比從四樓跳下更容易致命。

我個人對此心裡有數，但我沒有糾結在這個念頭上：長久以來，我早已習慣將患病致死想像成一個可能發生的事件，那是不可避免的，由不得我們插手干預。而我的腦袋也從沒想過自己可以搬到另一間病房，搬去另一間傳染風險較小的棚屋。這裡有暖爐，我們的傑作，它散發著一種美妙的溫暖；在這裡，我有一張床；最後，如今，一種緣分已將我們連結在一起，我們這十一個 Infektionsabteilung 的病人。

偶爾聽得見或近或遠的砲火轟隆聲，三不五時，還聽得見自動步槍的掃射聲。黑暗中只看得見炭火的紅光，夏赫勒、阿赫圖爾和我坐著，一邊抽著以廚房裡找到的香草製成的香菸，一邊談論著許多過去和未來的事。在這片一望無際、充滿著冰霜和戰火的平原中，在這個擠滿了病菌、又暗又小的房間裡，我們感覺自己內心平靜且與世無爭。我們筋疲力竭，但在過了那麼長的一段時間後，我們覺得自己終於做了點有用的事；也許就像上帝創造了世界後的第一天。

一月二十日。天亮了，今天輪到我點燃爐子。除了感覺全身無力之外，疼痛的關節不斷提醒我，我的猩紅熱的痊癒之路仍然漫長。一想到自己得置身於冰涼的空氣裡去其他棚屋尋找火，我就渾身顫抖。

我想起了打火的小石頭；將酒精灑在一張小紙條上，並耐心地從打小石頭上刮下一小堆黑色的粉末，接著我更用力的拿小刀摩擦打火石。瞧，迸出幾株火花之後，小堆粉末點著了，紙條上竄起了酒精燃燒的蒼白火焰。

阿赫圖爾興奮地爬下床，將前一天煮好的三顆馬鈴薯拿來加熱，一人一顆。然後，挨餓受凍的夏赫勒和我再次啟程，在頹圮的營地裡四處搜尋物資。

我們只剩下兩天的糧食（即馬鈴薯）；至於水，我們只能融化冰雪，由於缺乏大的容器，所以這也是一個艱辛的任務，藉此可以取得一種烏黑渾濁的液體，還得經過過濾。

營地裡一片死寂。其他飢餓的人鬼魂似地像我們一樣四處遊蕩覓食：長長的鬍鬚、凹陷的眼窩、骨瘦如柴、膚色發黃而衣不蔽體的四肢。他們顫抖著雙腿，在空蕩蕩的棚屋走進走出，帶出各式各樣的物品：百葉窗、水桶、勺子、釘子；一切都可以派上用場，而最有遠見的人已經在心裡打算如何跟周圍鄉間的波蘭人進行有利可圖的買賣。

廚房裡，有兩個人為最後幾十個腐爛的馬鈴薯而拳腳相向。他們彼此揪住對方身上的破衣服，以出奇緩慢而猶豫不決的動作互相毆打，凍僵的嘴唇以意第緒語相互謾罵。

在倉庫的院子裡，有兩大堆捲心菜和蘿蔔（淡而無味的大蘿蔔，我們的主食）。它們凍成了一大塊，得用鎬頭才撬得開的。夏赫勒和我輪番上陣，每撬一下都使上全身的力氣，最後大約取得了五十多公斤。還有別的：夏赫勒找到一包了鹽（**Une fameuse trouvaille** [7] **!**）和一桶水，也許有五十公升，已結成了一個大冰塊。

我們把所有的東西都裝在一個小推車上（原先被用來將配給的糧食分發到各個棚

屋，到處都有被遺棄的小推車），我們在雪地上辛苦地將小推車給推了回來。

那一天，我們仍然滿足地吃著在爐子上煮熟的馬鈴薯和火烤蘿蔔片，但隔天阿赫圖爾向我們允諾將有重大的創新。

下午我去了從前的門診部，尋找有用的東西。有人先了我一步：整個門診部已被不專業的打劫者弄得天翻地覆了。找不到一個完整的瓶子，地上扔著一堆碎布條、糞便和敷料、一具赤裸而扭曲的屍體。不過，眼前出現了一個先來之人錯過的東西：一個卡車電瓶。我用小刀觸摸了兩個電極：迸出了一點火花。電瓶裡還有電。

晚上，我們的棚屋裡有了燈光。

我躺在床上，看著窗外的一長段道路：一連三天，敗北的德意志國防軍潮水般一波又一波地路過此處。裝甲車、漆成白色以掩人耳目的「虎式」戰車、騎馬和騎自行車上的德國人、步行的德國人，武裝和沒有武裝的人一一路過。夜裡，在還看不清楚坦克車之前，便已聽得見履帶發出的噪音。

夏赫勒問道——Ça roule encore [8]？

——Ça roule toujours [9].

似乎永遠不會停了。

一月二十一日。相反的，一切都停了。隨著二十一號黎明的到來，平原顯得荒涼嚴峻，黑壓壓的烏鴉從天上飛過，眼前只有一望無際的白色，蕭瑟而淒涼。

我幾乎更希望還能看見有東西在移動。就連波蘭的平民也消失無蹤了，不知躲到哪兒去了。甚至連風都好像靜止了。我原本只想做一件事：蓋著被躺在床上，任隨肌肉、神經與意志疲憊消沉；像個死人一樣，等待這一切結束，或者不結束，反正都沒什麼區別。

但夏赫勒已將火爐點燃，夏赫勒，一個勤快、自信、友愛的人呼喚著我，要我上工了：

——Vas-y, Primo, descends-toi de là-haut; il y a Jules à attraper par les oreilles ❿……

Jules 是廁所裡的便桶，每天早上得要有人抓住它的耳柄，把它提到外面的黑色污水池倒乾淨：這是每一天的首要之務，要知道沒辦法洗手，而且我們當中有三個人感染了斑疹傷寒，就能明白這可不是一件令人愉快的差事。

我們得開始用捲心菜和蘿蔔充飢了。我去尋找柴火的時候，夏赫勒負責去取雪來融化，阿赫圖爾動員能坐起身來的病患，讓他們合作幫忙挑菜。托瓦洛斯基、賽爾特勒、

❼ 法語，意為「一個重大的發現」。
❽ 法語，意為「還在走嗎」。
❾ 法語，意為「一直沒停」。
❿ 法語，意為「好了，普利摩，下床吧！得有人去給朱爾拽耳朵了」。

阿爾卡萊和申克都響應了這個號召。

賽爾特勒也是來自於佛日省的農夫，二十歲；看起來身體狀況良好，但日復一日，他的鼻音聽起來愈來愈重，這是的不祥的徵兆，令我們想到白喉很少放人一馬。

阿爾卡萊是來自於土魯斯的猶太玻璃匠；性格非常平靜而理智，他是面部丹毒患者。

申克是一個斯洛伐克的商人，猶太人，是個已在康復階段的斑疹傷寒患者，他的胃口大得驚人。托瓦洛斯基也是如此，他是法裔波蘭籍的猶太人，傻呼呼的而且很健談，不過對我們這個群體而言，他那具有感染力的樂觀精神非常有用。

所以，病人們各自坐在自己的床鋪上拿著小刀做事時，我和夏赫勒努力尋找一個可以拿來作為廚房使用的場所。

一個無法描述的骯髒侵占了營地的每一個部門。所有的糞坑都滿了，自然不會有人對其進行維護，痢疾患者（他們有一百多人）弄髒了Ka-Be的每一個角落，所有的水桶、所有原本用來盛裝食物的大湯桶和小湯碗都充滿了他們的糞便。腳下一不注意，便會寸步難行；在黑暗當中根本無法走動。儘管忍受著逼人的酷寒，一想到解凍時會發生什麼，我們就膽戰心驚：感染將勢不可當地蔓延，惡臭將變得令人窒息，此外，冰雪一旦融化，我們便將完完全全沒水可用了。

經過長時間的搜尋，最後我們在原本作為洗衣房使用的房間裡，找到了幾個巴掌大還沒被弄得太髒的地面。為了節省時間，省點事，我們在那兒生了個火，然後把氯胺混著冰雪摩擦，消毒我們的雙手。

正在煮湯的消息迅速在一大群活死人之間傳開了；門口形成了一大群望眼欲穿的飢餓面孔。夏赫勒舉著湯勺，迅速地對他們做了一次簡短有力的講話，儘管他說的是法語，但不需要翻譯。

大多數人散去了，但是有個人走上前來：是一個巴黎人，（自稱是）高級裁縫，患有肺病。他願意以一公升菜湯的代價用營地裡剩下的大量被子為我們裁製衣服。

馬克西姆果然是個箇中能手。第二天夏赫勒和我都有了夾克、長褲和大手套，都是用粗布做的，顏色很鮮艷。

晚上，在分發完第一輪湯，大家津津有味、狼吞虎嚥之後，平原的死寂被打破了。我們躺在床上，累得無力為此感到不安。我們豎起耳朵聽著不絕於耳的神祕火炮聲，大砲似乎遍布整個地平線，我們聽見子彈從我們頭上竄過的聲音。

我以為外面的生活是美好的，而之後也依然美好，現在要是送了命，那就太可惜了。我叫醒了那些在打瞌睡的病人，確定好每個人都在聽，我先用法語，接著盡可能地以標準的德語告訴大家，如今他們應該要思考回家的事了，而儘管一切取決於我們，有些事情是必須要做的，有些事情則必須避免。每個人必須保管好自己的湯碗和湯匙；不應該把自己吃剩的菜湯給別人喝；不是要去上廁所就別下床；需要幫忙的人不要去找別人，而只找我們三個人；阿赫圖爾特別負責監督紀律和衛生，他得停醒大家，與其清洗白喉和傷寒病患的湯碗和湯匙，冒著將它們弄錯的風險，不如直接丟棄用過的湯碗和湯匙。

據我的觀察，如今病患們對一切已麻木不仁，更別提要按照我所說的去做；但是我對阿赫圖爾的勤奮很有信心。

一月二十二日。如果說勇者是能以輕鬆的心情面對嚴重危險的人，那麼那天早上夏赫勒和我都很勇敢。我們將探索的範圍擴展到緊鄰著鐵絲網之外的SS營地裡。

營地的守衛想必是匆匆離開的。我們在桌子上找到了幾盤已經凍結的半滿的菜湯，後來被我們極其享受地吞了；杯子仍然裝滿已結成淡黃色的冰塊的啤酒，棋盤上仍擺著一盤沒下完的棋局。宿舍裡有一大堆珍貴的東西。

我們拿了一瓶伏特加、各種藥品、報紙、雜誌和四條上好的鋪棉的被子，其中一條現在還在我杜林的家裡。我們高高興興、無憂無慮地將這次外出的成果裝進了小木箱，將它交給阿赫圖爾管理。直到晚上，我們才得知約莫半小時之後發生了什麼事。

一些可能是脫隊的SS全副武裝地進入了廢棄營地。他們發現有十八個法國人在武裝親衛隊的食堂裡定居了下來。他們朝每個人的後腦開了一槍，有條不紊地將他們一一殺害，將扭曲變形的屍體整齊地排列在積雪的馬路上，然後他們離開了。十八具屍體一直暴露在那兒，直到俄羅斯人來臨。沒人有力氣給他們下葬。

另一方面，在所有的棚屋裡頭，都已經有被屍體佔據的床位，它們像木頭一樣僵硬，沒有人費心移除它們。土地已經凍得無法挖坑，許多遺體被隨隨便便地堆在一個壕溝裡，但打從起初的幾天起，屍堆就已經滿出壕溝，從我們的窗口就能看見那令人髮指的景象。

我們與痢疾病房只相隔一道木牆，那兒有很多垂死的病人，也有很多已經死掉的。地面上覆蓋著一層已結成冰的排泄物。沒有人還有力氣離開被窩去覓食，而那些這麼做過的沒有回來救助伙伴。有兩個義大利人擠在同一張床上，緊緊地抱住彼此以抵禦寒冷，我經常聽到他們交談，但由於我只說法語，有很長的一段時間他們並沒有注意到我的存在。那一天，他們偶然聽見夏赫勒以義大利語發音叫喚我的名字，從此他們就沒完沒了地呻吟和乞求。

假使我有辦法，有力氣，我當然想幫助他們，不為別的，就只是為了為了讓他們停止那著魔似的叫喚。到了晚上，當所有的工作都做完以後，我克服了疲勞與反感，我拖著腳步，小心翼翼摸黑走在骯髒的走廊裡，走到他們的病房，手裡拿著一碗水以及當天吃剩的菜湯。結果，從此，透過薄薄的牆壁，痢疾病房的全體病患日夜呼喚我的名字，以歐洲各地所有語言的各種腔調，伴隨著不知所云的祈禱，而我對此束手無策。我欲哭無淚，我真想詛咒他們。

夜裡發生了一些令人不快的意外。

睡在我下面床位的拉克馬克爾，是一個不幸的人類殘骸。他是（或曾經是）是一個十七歲的荷蘭籍猶太人，身材高瘦，生性溫和。他已經臥病三個月了，我不知道他是如何逃過篩選的。他接連得了斑疹傷寒和猩紅熱。同時種種跡象顯示他還患有嚴重的心臟病，他長滿了褥瘡，因而只能腹部朝下地趴在床上。儘管如此，他胃口很好；他只會說荷蘭語，我們之間沒人聽得懂他說什麼。

也許是捲心菜和蘿蔔湯惹的禍，那天拉克馬克爾要了兩份。半夜裡，他呻吟著摔下床。他想去廁所，但因為身體太虛弱而摔倒在地，大聲哭喊了起來。

夏赫勒打開電燈（事實證明那個電瓶是上蒼的贈禮），我們看見了事態的嚴重性。荷蘭小伙子的床鋪和地板都被弄髒了。小小的房間裡的氣味迅速變得難以忍受。我們只有極少的儲備用水，也沒有備用的被子和草蓆。而這個可憐的傷寒患者是個可怕的感染源，也不能整晚將他丟在地上，在一片污穢中發顫受凍。

夏赫勒下了床，不發一語地穿上衣服。我在一旁舉著燈，他用小刀將草蓆和被子上的穢物全都刮下；像母親般悉心地將跌倒在地的拉克馬克爾扶起來，用從床墊裡取出的秸稈盡量將他擦乾淨，將他抬回重新鋪好的床舖上，讓這個可憐蟲以他唯一可以的趴臥姿勢歇著；他拿一塊金屬片刮了地板；並用水調配了氯胺，最後把消毒水灑在所有的東西和自己身上。

想到我得克服多大的疲倦才能做到他這個地步，這令我理解到了他的無私。

一月二十三日。我們的馬鈴薯吃完了。幾天以來，棚屋間謠傳著在鐵絲網外、距離集中營不遠的某個地方存放有大量的馬鈴薯。

某些不知名的先鋒想必已經耐心地進行了搜尋，或者，有人應該知道那個地方的明確地點。的確，二十三日上午，有一段鐵絲網被扯破，兩群落難者成群結隊地從那個開口進進出出。

冒著烏青色平原的寒風，夏赫勒和我出發了。我們跨越了被破壞的屏障。

——**Dis donc, Primo, on est dehors ⓫！**

的確如此，自從被捕以來，這是我第一次感到自己是自由的，沒有武裝警衛的看

⓫ 法語，意為「普利摩，我們出來了」。

守，我和我家之間沒有鐵絲網相隔。

大約在距離營地四百公尺的地方，有馬鈴薯埋在那兒：好一個寶藏。兩條很長的壕溝裡，滿滿地都是馬鈴薯，以秸稈和泥土交替覆蓋著，以防霜凍。不會再有人餓死了。

不過，要將馬鈴薯取出可不是小事一樁。霜凍的關係，地表凍得跟大理石一樣硬。得用鎬頭辛苦地敲打，才能打穿硬殼，讓存糧重見天日；但大部分的人偏好鑽進別人已經鑿好的洞，鑽到深處，將馬鈴薯遞給外面的伙伴。

一個匈牙利老人就是在那兒突然死掉的。他以一個飢餓之人的姿態僵硬地倒在那兒，飢腸轆轆的模樣，腦袋和肩膀倒在地下，肚子趴在雪地上，雙手伸向馬鈴薯。後到之人將他的遺體挪到一米之外，在空出的開口處繼續工作。

那次以後，我們的膳食獲得了改善。除了水煮馬鈴薯和馬鈴薯湯之外，我們還按照阿赫圖爾提供的食譜給病患提供馬鈴薯煎餅：將煮熟搗爛的馬鈴薯泥塗在生馬鈴薯片上，然後拿到炙熱的鐵板上烘烤。吃起來有煤煙味。

但賽爾特勒卻無福享受，他的病情日漸惡化。除了說話時鼻音愈來愈重之外，那天起他不再能夠正常吞嚥任何食物：他的喉嚨有什麼東西壞了，每吞下一口東西都有窒息的風險。

我前去尋找一位匈牙利醫生，他是對面棚屋的病患。聽見白喉一詞，他向後退了三步，並命令我出去。

純粹是為了安撫大家，我讓所有人都在鼻腔裡滴了幾滴樟腦油。我向賽爾特勒打包票說這會給他的病情帶來好處；我也盡力說服我自己。

一月二十四日。自由。鐵絲網的缺口向我們展示了其具體的形象。不再需要戰戰兢兢地提防德國人，不再有篩選，不再需要勞動，不會再被毆打，不再有點名，而不久之後，也許就可以開始思考回家的事了。

不過，需要花力氣，才能確信自己已重獲自由，而沒有人有時間好好享受。四周盡是毀滅和死亡。

我們窗外的屍堆已溢出壕溝外，日漸腐壞。儘管有馬鈴薯可吃，所有人都已虛弱到了頂點：營裡沒有病人痊癒，反倒有許多人得了肺炎和腹瀉；不良於行或沒有力氣走動的人，昏昏沉沉地躺在床上，他們的身子被凍僵了，沒人能察覺到他們是什麼時候死的。

其他人都已累得不成人形：經歷了幾個月的集中營，並不是用馬鈴薯就可以恢復體力的。湯煮好後，夏赫勒和我將每天二十五公升的菜湯，從洗衣房拖到房間後不得不氣喘吁吁地倒到床上，這時勤快而俐落的阿赫圖爾進行分發，細心地留下三份 rabiot pour les travailleurs [12]，並一小部分 pour les italiens d'à côté [13]。

二號傳染病病房也與我們相鄰，裡面住的主要是結核病病患，那裡的情況大不相同。辦得到的人都搬到其他的棚屋裡去了。病情最嚴重和身體最虛弱的同伴們都一個個孤獨地死去。

有一天早上我進到那裡想借根針。一個病人在上層的舖位上粗聲地喘著氣。聽見我進來，他坐起身來，然後腦袋向下地將他那僵硬的軀幹和手臂倒掛在床緣面向我，眼睛翻白。下舖的那個人下意識地伸出雙臂想托住他的身體，這才意識到他已經死了。他慢慢放下手中的重量，那人滑落在地，就待在那兒了。沒有人知道他叫什麼名字。

但在十四號棚屋裡發生了一件前所未聞的事。那裡住著動完手術的病患，其中一些情況還算好。他們組織了一次前去英國戰俘營的行動，據估計那裡的人已經撤離了。這次的出擊成果豐碩。他們回來的時候穿著卡其服，小推車裡裝滿了前所未見的好東西：人造奶油、布丁粉、豬油、黃豆粉、蒸餾酒。

傍晚的時候，十四號棚屋裡的人歡聲歌唱。

我們當中沒有人有力氣走兩公里的路前往英國戰俘營的營地，再帶著物資回來。不過這次成功的出擊間接地讓許多人受益。財物分配不均帶動了工業與貿易的復甦。在我們死氣沉沉的屋子裡，誕生了一個蠟燭工廠，蠟燭是我們將浸泡了硼酸的燈芯塞入紙板殼製做而成的。十四號棚屋的「富人們」以豬油和麵粉支付，買下了我們全部的產品。

我自己也在電氣倉庫裡找到了一塊蜂白蠟；我還記得那些眼睜睜看著我把它帶走的人那失望的神情，以及隨後的對話：

「你拿它做什麼？」

可不能在這個當口洩露生產的祕密；我聽見自己用我經常從營地的老前輩口裡聽到的話回答他們，話裡包含著他們最喜愛的自誇方式：說自己可是「有本事的囚犯」，懂得適應環境，總是知道如何度擺脫困境：——Ich verstehe verschiedene Sachen ⓮……

一月二十五日。輪到索莫吉了。他是個五十歲左右的匈牙利化學家，身材瘦高，沉默寡言。跟荷蘭人一樣，他得了斑疹傷寒和猩紅熱，正在休養康復中，但發生了某個新的狀況。他突然發高燒。他大約五天沒說話了，而那天他張開了嘴，以堅定的聲音說道：

「我的草蓆下面有一份麵包。你們三個把它給分了。我不會有機會吃了。」

我們說不出任何話，但當時我們沒去碰那塊麵包。他半張臉都腫了，一直到他意識還保持清醒為止，他就這樣保持肅穆的沉默。

⓬ 法語，意為「給幹活的人加菜」。

⓭ 法語，意為「給隔壁的義大利人」。

⓮ 德語，意為「我拿手的事可不少」、「我懂的可不少」。

但到了晚上，在整個夜裡，以及接下來的連續兩天裡，沉默消融無蹤，取而代之的是不間斷的狂言囈語。然後是最後一場無止無盡受欺辱、被奴役的噩夢，他開始喃喃自語，每呼一口氣，就吭一聲 Jawohl；他那鐵架般嶙峋的肋骨每向下塌一次，就又吭一聲 Jawohl，像部機器般規律而穩定，就這樣吭了上千次，吭得你恨不得想搖醒他、堵住他的嘴，或者至少讓他換個詞也好。

我從未像當時一樣深刻體會，人的死亡是多麼艱苦的一件事。

外面仍萬籟俱寂。烏鴉的數目大大增加了，而大家都知道原因何在。唯有在很長的時間間隔之後，才偶爾能聽見炮火的對談。

大家奔相走告，說俄羅斯人馬上就要到了；人人都如此宣稱，人人都很篤定，但是沒有人能心平氣和地信以為真。因為在集中營裡，人們不再習慣抱持希望，也失去了對自身理智的信任。在集中營裡，思考是沒有用的，因為事情的演變多半難以預料；而且保有一顆敏感的心是有害的，那會成為痛苦的根源，而當痛苦超過一定限度時，某種天賜的自然法則會讓人的心變得遲鈍。

就像人對於喜悅、恐懼、對於疼痛本身會感到厭倦一樣，對於等待也是。一月二十五日，我們與那個殘忍的世界已經失聯八天，儘管那也算是個世界。我們當中大多數人都已筋疲力竭，無法等待。

晚上，夏赫勒、阿赫圖爾和我再次圍在爐子旁邊，我們感覺自己又重新變成人。我們什麼都可以聊。我興奮地聽著阿赫圖爾描述在佛日省的普羅旺謝爾人們如何過星期天，而每當我談到陷入困境而絕望的抗戰初期義大利曾簽屬停戰協定，談到出賣了我們的人，以及後來我們在山上被捕的事，夏赫勒都幾乎落淚。

黑暗裡，在我們背後和上面的八個病患一字不漏地聽著，即使是那些誰聽不懂法語的人。只有索莫吉竭力向死神輸誠。

一月二十六日。我們躺在一個由死人和垂死之人構成的世界裡。在我們的四周和內在，文明的最後一絲痕跡已經消逝無蹤。德國人獲勝了，他們將人改造為野獸的任務已由潰散敗逃的德國人圓滿達成。

殺人的人是人，施加或承受不公的人是人；喪失任何顧忌而跟屍體同床的，不是人。儘管並非他的過錯，但那等待隔床的人終於死去，以便能奪走他身上的四分之一塊麵包的，已與作為會思考的生物的人類相去甚遠，沒有比他更卑鄙的小人，也沒有比他還要殘忍的加害者。

我們的生命的某個部分位於我們身邊的人的靈魂裡：這就是為什麼經歷過有人被視為一樣物品的歲月的人，所經歷的是一種泯滅人性的經驗。在很大的程度上，我們三個人倖免於此，就這一點我們應該彼此感恩，因此我和夏赫勒的友誼將禁得起時間的考驗。

但在我們頭頂上方數千米高的地方，在灰色的雲朵之間，戰機正彼此進行著奇蹟般的對決。在赤裸著身體、脆弱無助、手無寸鐵的我們的頭頂上，這個時代的人類正用最精良的武器相互廝殺著。他們動一下手指便可能導致整個營地的毀滅，殲滅成千上萬的人；而我們全部的精力和意志力加起來，還不足以幫助我們當中的任何一個人延長一分鐘的壽命。

這場混戰在夜裡停止了，房間裡再次充斥著索莫吉的獨白。

在一片漆黑當中，我發現自己猛地驚醒了。L'pauv' vieux[16]沉默了，他說完了。隨著生命最後一次的抽搐，他從床鋪摔到地上：我聽見了膝蓋、髖骨、肩膀和頭部的撞擊聲。

——La mort l'a chassé de son lit.[17]，阿赫圖爾作出如此定義。

我們當然不能在夜裡把他給抬出去。我們只好再次入睡。

一月二十七日。黎明。地板上，有堆乾瘦的肢體淩亂地散落一地，是個叫做索莫吉的東西。

有更緊迫的工作要做：因為不能清洗，我們只能在做完飯並用完餐之後才能觸碰他。況且，——... rien de si dégoûtant que les débordements[18]，夏赫勒言之有理，必須把便桶倒空。活人的需求比較要緊，死人可以等待。於是我們像每天一樣開始幹活。

俄國人抵達的時候，夏赫勒和我抬著索莫吉，還在一個不遠的地方。他非常輕。我們將擔架弄翻在灰色的雪地上。

夏赫勒脫下了帽子。我很遺憾自己沒有帽子。

Infektionsabteilung 的十一個病患裡，只有索莫吉在那十天內死去。賽爾特勒、坎紐拉提、托瓦洛斯基，拉克馬克爾和朵爾勒（到此為止我沒有提到過最後這位，他是個法國企業家，因腹膜炎動了手術之後，染上了鼻白喉）在幾個星期之後在奧斯維辛的俄羅斯臨時 Ka-Be 裡死去。四月時我在卡托維治遇見了健康狀況良好的申克和阿爾卡萊。阿赫圖爾幸福地與他人團圓了，夏赫勒又回去當起老師了；我們給彼此寫了一封封的長信，我希望有朝一日能再見到他。

一九四五年十二月至一九四七年一月，杜林省阿維利亞納市

⓰ 法語，意為「這個可憐的老人」。

⓱ 法語，意為「死神把他從床上提下來了」。

⓲ 法語，意為「沒有比糞便溢到外面更噁心的事了」。

附錄一：與普利摩・李維的對話

菲利普・羅斯

一九八六年九月的一個星期五，我抵達杜林，與普利摩・李維繼續前一年春天某個下午，我們在倫敦開始的一次對話。我請他帶我參觀他工作的油漆工廠；他最初受聘為研發化學家，轉任為經理後就一直待到退休。那家公司總共僱用了五十名員工，主要是在實驗室裡工作的化學家和在工廠工作的老練工人。生產設備、成排的存放槽、實驗室大樓、儲存在與人齊高容器裡準備出貨的成品，以及淨化廢料的加工設施，這一切設施都位於距離杜林七英里遠、占地四到五英畝的廠區裡。機器正在對樹脂進行乾燥處理，攪拌著亮光漆並將汙染物排出，卻未發出擾人的噪音。李維告訴我，院子裡的那股刺鼻氣味在他退休後兩年後，在他的衣物上仍隱約可聞見，但那絕算不上什麼令人作嘔的氣味；而那三十碼垃圾箱中滿溢汙染防制處理過程所排放出的黏稠黑色殘留物，也不算慘不忍睹。這並非世界上最糟糕的工業環境，卻與富有李維自敘精神的語句大相徑庭。

儘管與散文的精神大相徑庭，工廠仍是個貼近他心靈的地方。我盡可能地去領略一切噪音、臭味、複雜管線、大桶、大缸和儀表板，讓我想起了《扳手》一書中那位技術高超的裝配工福索內，李維稱他為「我的他我[1]」。他對李維說道：「我得告訴你，我很喜歡待在工作場所。」

我們穿過空曠的庭院並前往實驗室，那是李維擔任經理期間所建造的一棟簡單兩層建築，他告訴我：「我和工廠已有十二年沒有聯繫了。這對我而言將是一次冒險。」他說他相信幾乎所有曾與他共事過的人現在都已經退休或過世了；事實上，他遇到少數幾個仍在職的人似乎都被他當成了幽魂。當某個人走出曾屬於他的中央辦公室以歡迎他歸來時，他對我低聲說道：「又是一縷幽魂。」在前往實驗室中負責檢驗原料並轉往生產部的部門路上，我問李維他是否能夠辨認出瀰漫在走廊上的微弱化學氣味：聞起來像是醫院走廊。他將頭微微抬起，鼻孔暴露在空氣中。他帶著一抹笑告訴我：「我知道，而且我還能像狗一樣分析這種氣味。」

在我看來，他內心朝氣蓬勃，就好像某種靈敏小巧的森林生物被賦予了至高的森林智慧。李維身材瘦小，儘管他謙遜低調的舉止讓他的身形乍看並不纖細，他卻有如十歲時那般靈巧。在他的身上和臉上，可以看見他過去青澀少年模樣的痕跡；那是大多數成年男子身上所看不見的。他那似乎可碰觸到的警戒，彷彿內在顫抖的熱情指引著他前進。

一般人最初可能不會對這種事感到訝異，但作家和其他人一樣也分成兩種人：願意聆聽別人的作家，以及不願聆聽別人的。李維就願意聆聽，他的臉精緻得有如雕塑，下巴處留著一抹白色山羊鬍，六十七歲的他看上去既像年輕的牧神又像教授，一張臉堆滿了藏不住的好奇心，卻也是受人敬重的博士面孔。我現在相信福索內於《扳手》一書開頭對普利摩・李維所說的：「你真不是普通人，讓我講出這些從未告訴過其他人的故事。」難怪人們總會把事情告訴他，任何事情在被寫下之前，早已被他忠實地記錄下來：他在傾聽他人說話時，就像一隻專注而靜止的花栗鼠般，站在石牆上窺視未知的事物。

李維與妻子露西亞居住的公寓大樓恢宏雄偉，建造於他出生前幾年；他甚至出生於這棟房子之中，因為在此之前，這裡是他父母以前的家。除了在奧斯維辛那一年及重獲自由後緊接著冒險患難的幾個月之外，他一輩子都住在這間公寓裡。這棟具有中產階級穩固特性的建築物已逐漸開始不敵時間的威力；它位於公寓大樓林立的寬敞大道上，這個義大利北部的街區讓我聯想到曼哈頓西區大道：川流不息的汽車和公車，電車在軌道上快速穿梭，還有成排高大栗樹立於街道兩側狹窄的安全島上，從十字路口可以遠眺城市邊界的綠色山丘。城市商業中心地帶的著名筆直拱門長廊，只需十五分鐘便能走過李

❶ alter ego，表示「他我、第二自我或另一個自我」。

維口中這片「令人著迷的杜林幾何圖形」。

自李維夫婦在戰後結識並成婚以來，便與他的母親一同居住在這間寬敞的公寓中；她已經九十一歲了。李維九十五歲的岳母則住在不遠處的公寓，隔壁住著李維二十八歲的兒子，他是物理學家。隔著幾條街的稍遠處，則住著他三十八歲的女兒，一位植物學家。據我所知，從未有其他當代作家幾十年以來自願與自己的直系親屬、出生地、地域和先人的世界維持如此親密、直接而不間斷的關係，尤其是在杜林這個飛雅特故鄉，當地的環境極為工業化。在本世紀所有才智縱橫的藝術家當中，李維的獨特之處在於，與其說他是兼職化學家的作家，倒不如說是兼職藝術家的化學家；他也最能融入周遭環境的整體生活。或許對普利摩·李維而言，他與社群緊密連結的一生，加上以奧斯維辛為主題的傑作，構成了一種高尚、有力而深刻的回應，以反擊那些無所不用其極想切斷他長久以來的聯繫，並試圖將他和他的同胞排除在歷史之外的那些人。

《週期表》一書中，李維以最簡單的語句開頭，在一段段落中描述了化學中最令人滿意的化學作用之一。他寫道：「蒸餾極為美麗。」以下對話也是一種蒸餾作用，我們興高采烈、天南地北的談話被去蕪存菁保存下來。在長週末期間，我們多在李維公寓大門門廊旁的安靜書房裡以英語對談。他的書房寬敞而布置簡單，有張老舊的印花沙發和舒適的躺椅；桌上有台罩住的文書處理器；桌子後方的書架上整齊擺放著李維琳瑯滿目的彩色筆記本；書房其餘各處的書架上擺放著義大利語、德語和英語的書籍。最讓人有感覺的卻是一項最小的物品：牆上掛著一張其貌不揚的素描，畫著奧斯維辛集中營裡半毀鐵絲柵欄。牆上較為顯眼的則是李維使用絕緣銅絲（他在自己的實驗室中，為了絕緣而將銅絲覆上塗料所製造出的成品）巧妙塑形而創造的有趣圖形：銅絲大蝴蝶、銅絲貓頭鷹和銅絲小蟲。桌子後方牆上則高高掛著兩件體積最大的作品：一件是配戴編織針為武器的銅絲飛鳥戰士，另一件我看不出是什麼形狀，李維向我解釋為「玩鼻子的人」；「是猶太人，」我猜道。「沒錯，」他笑著說道：「當然是猶太人。」

羅斯：《週期表》這本書是關於你身為化學家所經歷「強烈而苦澀的滋味」，你在其中提到了茱莉亞，她是你一九四二年在米蘭化工廠工作時充滿魅力的年輕同事。茱莉亞以你二十歲出頭時面對女人的害羞表現及沒有女朋友的事實，來解釋你「對工作的狂熱」。但我認為她錯了；你對工作的熱愛事實上源自於更深層的東西。工作似乎是你的首要任務，這不僅呈現在《扳手》一書中，在你敘述奧斯維辛集中營監禁生活的第一本著作中也是如此。

「勞動帶來自由」（Arbeit Macht Frei）是納粹政府在奧斯維辛大門上方刻下的文字。但奧斯維辛集中營裡的勞動是可怕的仿冒品，既毫無用處又毫無意義，成了將人折磨至死的懲罰。你的所有文學成就可說是為了恢復「勞動」（Arbeit）一詞的人道意義而奉獻，重新找回被那些犬儒主義的奧斯維辛雇主嘲諷與扭曲的真正意義。福索內對你說：「我所做的每一份工作都像一場初戀。」他喜歡談論工作的程度幾乎和喜愛工作本身一樣高。福索內是工人典範，透過勞動獲得真正的自由。

李維：茱莉亞把我對工作的狂熱歸咎於當時我面對女孩的害羞，我不認為她是錯的。那種羞怯，或者壓抑，是真實、痛苦且沉重的；對我而言，那比全心投入工作還要重要。《週期表》中所描述的米蘭工廠工作，是我所不信任的假工作（mockwork）。一九四三年九月八日，義大利與盟國停戰的悲慘結局已廣為人知，若只埋首於科學上毫無意義的活動，並對此事視而不見，是非常愚蠢的。

我從未認真分析我的這份害羞，但墨索里尼的種族法在其中扮演了一個重要的角色。其他猶太朋友也深受其擾，有些「雅利安」同學嘲笑我們，他們說割禮不過是一種閹割，而我們至少在無意識中或多或少對此信以為真，而家人的極端拘謹更強化了這一點。我認為那時候工作對我來說，只是性的一種替代品，而非真正的熱情。

儘管如此，在經歷過集中營生活後，我完全了解到我的工作；或者更確切地說，我的兩份工作（化學和寫作）確實在我過去與現在的人生中扮演了至關重要的角色。我深信，以生物學的角度而言，正常的人類生來便需要從事有目標的活動，而無所事事或毫無意義的工作（如奧斯維辛集中營裡的勞動）則會引起痛苦和委靡不振。以我自己和我的「他我」福索內為例，工作等同於「解決問題」。

在奧斯維辛集中營，我經常見到一個奇特的現象。人們對「正確完成工作」（lavoro ben fatto）的需求十分強烈，甚至連奴隸般的雜事都願意「正確地」完成。有位義大利砌磚匠連續六個月都利用雪橇帶食物給我，救了我一命。他痛恨德國人，痛恨他們的食物、他們的語言、他們的戰爭；但是當他們派他去建造圍牆時，他還是把牆蓋得筆直而堅固。他這麼做並非出於服從，而是出於對專業的堅持。

羅斯：《奧斯維辛生還錄》❷以名為「十天的故事」的章節作結。在這一章裡，你以日記形式描述了一九四五年一月十八日到一九四五年一月二十七日期間，納粹分子帶著兩萬名「健康」的囚犯逃向西方後，你如何在集中營臨時醫務室裡被留下的一群垂死病患中存活下來。該章節所描述的一切，在我眼中有如「魯濱遜漂流記之地獄篇」。而作為魯濱遜的你，普利摩．李維，在那殘酷而邪惡的島嶼上，奮力於殘存的混亂中爭取生

❷《如果這是一個人》的英譯版書名：Survival in Auschwitz。

存所需。令我感到震驚的是，思考幫助你存活下來這一重點貫穿了全書，這是一種務實而人性化的科學思維。在我看來，你之所以得以倖存，既不是因為強健的體魄，也非取決於不可思議的運氣，而是源自於你的專業特質：追求精確；一個在面對惡勢力顛覆你所重視的一切時，仍追求秩序法則的實驗控制者。當時的你只是邪惡機器中被編號的一個零件，卻是仍具有系統性思維、始終試圖理解一切的編號零件。在奧斯維辛，你告訴自己「我想太多了」這樣的想法來抵抗「我太過文明了」的想法。但對我來說，那些想太多的文明人士與倖存者沒有區別；科學家和倖存者是一體的。

李維：沒錯，你一語中的。在那難忘的十天裡，我真的覺得自己像是漂流中的魯濱遜，但我們和他有個重要的差異之處：魯濱遜是為他個人的生存而努力勞動，但我和兩個法國同伴卻是有意識，且甘願為了公正的人道目標而努力勞動到最後，只為了挽救生病同伴的生命。

至於存活，這個問題不僅我曾問過自己多次，許多人也曾問過我。我強烈認為，除了進集中營時身體健康以及了解德語兩個條件之外，倖存並沒有任何準則。除此之外，主要是靠運氣。我在倖存人群之中看過精明的人和愚蠢的人、勇士和懦夫，以及所謂的「思想家」和瘋子。以我自身為例，運氣至少兩次發揮了重要作用；運氣使然，讓我遇見了那位義大利砌牆匠，並讓我只生病一次，還在對的時刻生病。

話說回來，你剛剛提到思考和觀察是我得以倖存下來的原因；這是真的，雖然在我看來，純粹運氣才是主要因素。我記得我是以格外樂觀的心情度過奧斯維辛那一年。我不知道這是因為我的專業背景，或是出乎意料的耐力，抑或是健全的本能。我從未停止記錄周遭的世界和人，因此直到今天，他們的形象細節在我腦海中仍奇異地栩栩如生。我強烈地想去了解一切，常常被好奇心所籠罩，事實上卻被後人當做偏激的行為；那是自然主義者發現自己被移植到駭人而新奇的環境時的一種好奇心；新奇，卻又駭人。

羅斯：英文版的《奧斯維辛生還錄》原本是以《如果這是一個人》為書名出版，忠實地譯出義大利文版本的書名「Se questo è un uomo」（而你一開始的美國出版社如果夠聰明，就該保留這個書名）。你在敘述與分析自己於德國人「規模恢宏的生理和社會實驗」中的殘酷回憶時，受到一種量化考量方式精確地規範；一個人也可以被轉化或分解，並且就像化學反應裡被分解的物質一樣，會進而失去他的特性。《如果這是一個人》讀起來就像是某個道德生化理論家的回憶錄，他本人被迫成為一種生物標本，親身經歷了最邪惡的實驗。瘋狂科學家實驗室中受困的生物就是理性科學家的縮影。

在《扳手》一書中（或許此書使用《這是一個人》作為書名更加適合），你告訴福索內，你筆下的藍領階級雪赫拉莎德「作為世人眼中的化學家，卻又感覺到……自己血管中流淌著作家的血液」，因而「在一個身體裡住著兩個靈魂，太過多餘」。我會說，裡面只有一個靈魂，寬廣而毫無隔閡；我會說，不僅倖存者和科學家兩者之間密不可分，作家和科學家亦是如此。

李維：與其說這是一個問題，更像是一種分析，而我心懷感激地收下。我在集中營裡生活時盡量保持理性，並撰寫了《如果這是一個人》一書，試圖向別人和自己解釋我曾經歷過的事件，但並非為了特定的文學意圖。我採用的模式（或者你也可以稱之為「我的風格」）是工廠常用的「每週匯報」模式：必須保持精確、簡潔，並使用工廠各階層人員都能理解的文字來編寫；絕對不能用科學術語來寫。順道一提，我不是科學家，過去也從來不是。我原本想成為科學家，但戰爭和集中營阻礙了我，只得屈就自己成為一名技術人員。

我同意你所說的「只有一個靈魂……而毫無隔閡」，這讓我再次對你充滿感激。我所謂「兩個靈魂……太過多餘」是半開玩笑，但也隱喻了某些嚴肅議題。我在一家工廠工作了近三十年，我必須承認，身為化學家和作家之間並沒有矛盾之處；事實上，兩者彼此相得益彰。但工廠的生活，特別是在工廠管理上，還涉及了許多其他與化學毫無關聯的事務：僱用和解僱工人；與老闆、客戶和供應商爭吵；處理意外事故；夜裡或參加聚會時都可能接到工作上的電話；應付官僚；以及其他許多殘害靈魂的事務。這一整個產業與寫作的本質極端互斥。因此，當我達到退休年齡而可以辭職，得以放棄我的第一號靈魂時，我大大地鬆了一口氣。

羅斯：你為《如果這是一個人》所寫的續集，義大利文書名是《停戰》（*La Tregua*），卻可惜地又被你最初的美國出版社修改為《再度覺醒》。這本書描述了你從奧斯維辛返回義大利的旅程。這趟崎嶇旅程充滿了真實的傳奇感，尤其是你滯留蘇聯、等待被遣返的漫長日子這段故事。令人驚訝的是，人們預期《停戰》一書必定會充斥著哀悼情緒與無可慰藉的絕望，但這本書卻充滿了朝氣。身處於你眼中恍若太初混沌的世界中，你與生命達成了和解。但你仍頻繁與他人往來，從中感受到愉悅，也學會了許多；使我不禁尋思，儘管你經歷了飢餓、寒冷與各種恐懼，儘管有著各式各樣的回憶，那幾個月會不會反而是你生命中最為美好的時光，你還因此稱之為「潛蘊無限可能的過渡階段、一種可遇而不可求的天賜命運贈禮」。

看起來，你生存的主要需求是扎根，需要深植於自己的職業、自己的祖先、自己的地區與自己的語言。然而，當你發現自己從頭到腳被連根拔起，還比任何人都來得孤獨時，你卻將此種處境視為一種贈禮。

李維：我有個好朋友是位優秀的醫生，他多年前曾告訴我：「你在那段經歷之前和之後的回憶是黑白的；在奧斯維辛和返鄉旅途中的回憶卻是鮮豔的。」他說的沒錯。家人、家庭和工廠本身是美好的，但它們剝奪了我缺失的東西：冒險。命運使然，讓我在戰火席捲的歐洲亂世裡找到了冒險。

你也身處出版產業中，所以你知道寫作的流程。《停戰》寫於《如果這是一個人》出版十四年後，這是一本帶有更多「自覺」的書，更有條理、更為文學化，遣詞用字也更加深刻而細緻。它訴說了真相，卻是過濾後的真相。在付諸文字之前，我曾多次向不同文化階層的人（主要是朋友以及中學學生）講述每一次的冒險，期間我不斷進行修改，以挑起他們的最佳反應。當《如果這是一個人》開始受到矚目，我開始看到自己寫作的未來，便著手將這些冒險經歷訴諸於文字。我的目的是在寫作中得到樂趣，並取悅我的潛在讀者。因此，我強調了某些奇異、帶有異國風情和令人開心的情節；主要著墨於在我近距離觀察之下的俄羅斯人。而我將你所謂的「哀悼情緒與無可慰藉的絕望」挪到了書本最前和最後幾頁。

至於「扎根」，沒錯，我確實有著深遠的根柢，而我很幸運地沒有失去它們。我的家人幾乎全數倖免於納粹屠殺，而我至今仍繼續居住在我出生的公寓裡。根據家人轉述，我寫作的這張書桌正好是我呱呱墜地的地方。當我發現自己「從頭到腳被連根拔起」時，當然為之所苦，但後來的迷人冒險、與他人的溫馨邂逅以及「康復」的甜美滋味，完全地勝過了奧斯維辛的災難。就歷史現實角度而言，我滯留於俄羅斯的「停戰」經歷在多年後，才轉為一份「贈禮」，一直要到我重新思考並將其付諸文字淨化了之後才有所轉變。

羅斯：《若非此時，何時？》（*If Not Now, When?*）跟我以往拜讀過你所有的英文版作品截然不同。雖然這本書明顯取材自真實歷史事件，卻以簡單易懂的冒險故事呈現；書中敘述了一小群俄羅斯裔和波蘭裔猶太人組成的游擊隊，並於德國東部前線騷擾德國人。你其他作品在主題上「虛構」成分也許較低，但在文學技巧上的想像力卻更令我印象深刻。比起創作其他自傳性質作品時受到的刺激，《若非此時，何時？》的創作動機似乎特定立場偏向更為狹隘，讓作者自由發揮的程度似乎因而更為受限。

不知你是否同意這一點——當你在書寫猶太人英勇反抗時，雖然這個主題明顯是你身為猶太人所經歷的命運，你是否認為自己是在做該做的事，並對未必在其他地方干預過的道德和政治主張負起責任。

李維：寫作《若非此時，何時？》是一條無法預知的路途。有很多原因促使我寫下它。依據其重要程度排序如下：

我曾跟自己打賭：在寫了這麼多平舖直述或隱晦的自傳後，你是否已羽翼豐滿，是否有能力創作一部小說、塑造人物、描述你未曾見過的風景？試試吧！我想要創作以義大利少見的風土做為背景的「西部片」情節，藉此取悅我自己。我打算向讀者訴說一個本質樂觀進取的故事；一個儘管發生在大屠殺背景下，卻充滿希望、甚至時不時令人感到愉悅的故事，以藉此取悅他們。

我希望藉此反抗在義大利仍然普遍存在的刻板印象：即猶太人是溫和的人、是（宗教或世俗的）學者，不好戰又忍下侮辱，承受了幾個世紀的迫害卻從未反擊的印象。我認為自己有責任向那些在絕望處境下找到勇氣和能力做出抵抗的猶太人表示敬意。

我非常重視、也極有野心想成為第一個（也許是唯一一個）描述意第緒語世界的義大利作家。我試圖「利用」我在自己國家的知名度，帶給讀者一本以阿什肯納茲猶太人文明、歷史、語言和思想架構為主軸的書。除了特定的成熟讀者如約瑟夫·羅特（一九三九年去世的奧地利小說家）、索爾·貝婁、以撒·辛格、伯納德·馬拉默德、柴姆·波托克，當然還有你本人以外，義大利人對於這一切幾乎一無所知。

就我個人而言，我很滿意這本書，主要是因為在勾勒和寫作過程中，我度過了愉快的時光。在我的作家生涯中，這是我第一次、也是唯一一次感受到（幾乎有如幻覺）我筆下的人物是活的，他們或在我身邊，或在我背後，自動提點我他們的事蹟與對話。寫作的那一年讓我感到十分快樂，因此無論成果如何，這是一本讓我能自由發揮的書。

羅斯：最後，我們來談談油漆工廠吧。在我們這個時代，許多作家不是當老師就是當記者，五十歲以上的作家至少都曾有一段時間被徵召入伍過，並為某個人效命；也有一長串作家曾一邊行醫一邊寫書；更有其他作家同時擔任神職。T.S.艾略特是位出版人；而眾所皆知，華萊士・史蒂文斯和法蘭茲・卡夫卡曾在大型保險機構任職。據我所知，只有兩位重要作家曾在油漆工廠擔任經理，包括身在義大利杜林的你，以及俄亥俄州伊利亞里的舍伍德・安德森。而安德森為了成為作家，必須逃離油漆工廠（和他的家人）；而你似乎一直待在這裡，繼續在職涯路上努力，成了現在擁有自我風格的作家。我想知道，相較於沒有油漆工廠經歷，也未被牽扯在相關關係網絡內的我們，你是否認為自己更加幸運，甚至具備了更好的寫作能力。

李維：正如我先前所說，我是偶然進入油漆產業的，但我從未深入接觸過油漆、清漆和亮漆的一般流程。成立之後，我們公司便立刻專注生產包線漆，也就是銅導線絕緣塗料。在我職涯的巔峰時期，我名列於全球這個領域的三、四十位專家其中之一。掛在牆上的這些動物就是以廢棄絕緣銅線做的。

坦白說，在你提到之前，我對舍伍德·安德森一無所知。我決不會像他那樣，為了全職寫作而離開家人和工廠。我會有一種縱身跳入黑暗的恐懼，也會喪失享受退休金的權利。

然而，對於你所提出的作家兼油漆製造商的名單，我必須補上第三個名字：伊塔羅·斯韋沃，他是改信猶太教的第里雅斯特猶太人，也是《季諾的告白》作者，生於一八六一年，卒於一九二八年。斯韋沃曾長時間於第里雅斯特一家由他岳父經營的油漆公司擔任銷售經理，但這家公司在幾年前解散了。直到一九一八年為止，第里雅斯特都屬於奧地利領土，而這家公司以向奧地利海軍供應一種能夠防止貝類在軍艦龍骨上結殼的優質防汙塗料而聞名。一九一八年後，第里雅斯特成了義大利領土，那種塗料就改供應給義大利和英國海軍。為了能夠和英國海軍部打交道，斯韋沃跟當時在第里雅斯特當老師的詹姆斯·喬伊斯學習英語。他們成了朋友，喬伊斯還協助斯韋沃，幫他的作品尋找出版社。

那種防汙塗料產品的名稱是摩拉維亞（Moravia），和著名義大利小說家筆名同名，此事絕非偶然：無論是這位第里雅斯特商人還是那位羅馬作家，都是從母親一方的共同親屬那裡取得這個姓氏；原諒我講這種毫不相干的八卦。不，正如我先前所提，我並不感到可惜。我不認為自己待在工廠裡是浪費時間。我在工廠中的積極性格，以及在工廠裡付出的榮譽義務服務，幫助我與真實世界保持聯繫。

附錄二：普利摩·李維年表

一九一九年 出生　七月三十一日，普利摩·李維誕生於義大利杜林的猶太家庭。

一九二一年 兩歲　妹妹安娜瑪莉雅誕生。

一九二五年 六歲　入學杜林的菲利斯·里尼翁小學，後因受到同儕霸凌，轉為在家接受教育。

一九三二年 十三歲　進入猶太學校就讀。

一九三四年 十五歲　通過入學考試，進入以教授經典著稱的 Liceo Classico D'Azeglio 中學就讀，師承諾貝托·波比歐與切薩雷·帕韋斯。

一九三六年 十七歲　七月，西班牙內戰爆發，墨索里尼派軍參與西班牙內戰。德國和義大利組成柏林羅馬軸心。

八月，德國和日本簽署《反共產國際協定》，隔年，義大利也加入其中。

一九三七年　十八歲　入學杜林大學。收到義大利國防部的傳喚，認為李維忽視義大利皇家海軍的兵單。父親為了避免李維捲入皇家海軍正參與的西班牙內戰，安排他加入法西斯民兵。

一九三八年　十九歲　義大利政府頒布《種族宣言》，李維因其猶太裔的身分，被法西斯民兵剔除役籍。

一九三九年　二十歲　四月，西班牙國民軍在西班牙內戰中獲得勝利，西班牙第二共和國滅亡，由軍人法蘭西斯科・佛朗哥成立獨裁政權，以法西斯主義統治西班牙。

九月，德軍入侵波蘭，英國與法國向德國宣戰，第二次世界大戰爆發。

一九四〇年　二十一歲　義大利加入軸心國。五月，德軍入侵法國，十二天後，法國政府便宣布向軸心國投降，一部分法國領土成為德國和義大利佔領區。

一九四一年　二十二歲　於杜林大學化學系畢業。因畢業證書上印有「猶太裔」的字樣，使李維畢業後無法順利就業，後來利用假身分證件在米蘭找到工作。

一九四二年二十三歲　父親過世。李維回到杜林，發現當地反猶浪潮日愈嚴重，母親與妹妹為了避免受到迫害，躲在偏遠郊區。

一九四三年二十四歲　七月，義大利向同盟國投降，墨索里尼下台。墨索里尼被希特勒救出，在北義大利建立魁儡政府。

李維舉家逃往義大利北部，並加入反法西斯團體。

一九四四年二十五歲　一月，李維與同伴意外遭法西斯民兵逮捕，為避免被以反法西斯身分槍決，他選擇承認自己的猶太裔身分，雖逃過一劫，但隨即被送往法西斯部隊建立的中轉營。二月，德軍佔領中轉營後，李維被送往屬於奧斯維辛集中營之一的布納─莫諾維茨集中營，手臂被刺上編號174517。

五月，同盟國部隊使德軍部隊往北撤退。六月，同盟國解放羅馬。

一九四五年二十六歲　一月，蘇聯紅軍解放奧斯維辛集中營，納粹在四月二十五日撤離義大利，李維離開集中營後，搭著火車經過波蘭、白俄羅斯、烏克蘭、羅馬尼亞、匈牙利、奧地利及德國，歷經十個月終於回到故鄉杜林。

一九四六年 二十七歲 始於杜邦塗料工廠就業，並著手準備集中營回憶錄《如果這是一個人》。

一九四七年 二十八歲 九月與露西亞結婚，十月由德希爾瓦出版《如果這是一個人》，首刷兩千冊，因歐洲仍籠罩在戰爭的陰霾中，著作並未獲得廣大迴響。

一九四八年 二十九歲 女兒麗莎出世。

一九五七年 三十八歲 兒子倫佐出世。擔任化學顧問的同時，持續關於戰爭的各種寫作，如回憶錄、詩、短篇故事及小說。

一九五八年 三十九歲 《如果這是一個人》收錄義大利作家伊塔羅・卡爾維諾的推薦序後由 **Giulio Einaudi** 重新出版。同時開始創作第二本半自傳小說《停戰》（***La Tregua***），記錄李維離開奧斯維辛集中營後的返鄉過程。

一九五九年 四十歲 《如果這是一個人》英文譯本及德文譯本問世。

一九六三年　四十四歲　出版《停戰》，隨後於一九九七年改編電影上映。

一九七五年　五十六歲　出版《週期表》（*Il Sistema periodico*），以化學元素為章節名，內容分別對應李維的人生經歷，受英國皇家學會評選為由史以來最好的科學書。

一九七七年　五十八歲　從油漆工廠的總經理職位退休，專職於寫作。

一九七八年　五十九歲　出版《扳手》（*La Chiave a Stella*），寫下普通人的生命經驗，獲得第三十三屆義大利斯特雷加文學獎，又稱女巫獎，是義大利作家最具權威性的文學獎，與英國布克文學獎和法國龔固爾文學獎齊名。

一九八一年　六十二歲　出版個人文集《尋找根源》（*La ricerca delle radici*），收錄普利摩‧李維創作的詩歌及散文。

一九八二年　六十三歲　出版《若非此時，何時？》（*Se non ora, quando?*），故事講述猶太游擊隊員和反抗軍，在第二次世界大戰期間努力生存和破壞納粹陣營，沿途從西蘇聯開始，於米蘭結束。書名來自《塔木德》中的格言：「我若不為自己，誰會為我？我若只為自己，我是什麼？若非此時，何時？」

一九八四年 六十五歲 《週期表》英文譯本問世。

一九八五年 六十六歲 出版《他人的行當》（*L'altrui mestiere*），收錄普利摩・李維從一九六九年至一九八五年所撰寫的四十三篇散文，反思人類文明。

一九八六年 六十七歲 出版最後一本著作《滅頂與生還》（*I sommersi e i salvati*），分析集中營與生還後的關鍵問題，反思道德的灰色地帶與人性的缺陷。

一九八七年 六十八歲 於杜林家中樓梯天井墜樓身亡。

世界經典 3

如果這是一個人

Se questo è un uomo

作者　普利摩・李維
Primo Levi
譯者　吳若楠
德語校對　䄻翔
編輯　李潔
封面設計　吳睿哲
行銷　劉安綺
發行人　林聖修

出版　啟明出版事業股份有限公司
地址　台北市敦化南路二段 59 號 5 樓
電話　02-2708-8351
傳真　03-516-7251
網站　www.chimingpublishing.com
服務信箱　service@chimingpublishing.com

法律顧問　北辰著作權事務所
印刷　漾格科技股份有限公司

總經銷　紅螞蟻圖書有限公司
地址　台北市內湖區舊宗路二段 121 巷 19 號
電話　02-2795-3656
傳真　02-2795-4100

初版　2018 年 8 月
二版　2019 年 2 月
ISBN　978-986-97054-1-7
定價　新台幣 380 元　港幣 110 元

如果這是一個人／普利摩・李維（Primo Levi）作；吳若楠譯
. -- 二版 . -- 臺北市：啟明 ,2019.2
面；公分
譯自：Se questo è un uomo
ISBN 978-986-97054-1-7（平裝）

1. 李維（Levi, Primo, 1919-1987）2. 回憶錄 3. 集中營

784.58　　　　107019089